中国经济文库

应用经济学精品系列

中国经济文库·应用经济学精品系列（二）

·本研究为教育部人文社会科学研究规划基金资助项目“精准扶贫战略下景区周边社区的自我可持续发展能力提升研究”（项目编号：18YJAZH057）研究成果之一

旅游社区自我可持续发展能力提升研究

Research on Improving Self-sustainable Development Ability of Tourism Community

刘 敏◎著

中国经济出版社
CHINA ECONOMIC PUBLISHING HOUSE
北 京

图书在版编目（CIP）数据

旅游社区自我可持续发展能力提升研究 / 刘敏著．
北京：中国经济出版社，2024.6. -- ISBN 978－7－5136－7207－8

Ⅰ. F592.61

中国国家版本馆 CIP 数据核字第 2024SC8036 号

责任编辑　张利影
责任印制　马小宾
封面设计　华子设计

出版发行　中国经济出版社
印 刷 者　河北宝昌佳彩印刷有限公司
经 销 者　各地新华书店
开　　本　710mm×1000mm　1/16
印　　张　10
字　　数　150 千字
版　　次　2024 年 6 月第 1 版
印　　次　2024 年 6 月第 1 次
定　　价　86.00 元
广告经营许可证　京西工商广字第 8179 号

中国经济出版社　**网址** http://epc.sinopec.com/epc/　**社址** 北京市东城区安定门外大街 58 号　**邮编** 100011
本版图书如存在印装质量问题，请与本社销售中心联系调换（联系电话：010－57512564）

摘要 Abstract

脱贫攻坚战取得全面胜利，彰显了中国特色社会主义制度的优势。其中，旅游扶贫是全面脱贫的重要路径，旅游扶贫的重中之重是提升旅游社区的自我持续发展能力。党的十九大明确把精准脱贫作为决胜全面建成小康社会必须打好的三大攻坚战之一。这对如期全面建成小康社会、实现第一个百年奋斗目标具有十分重要的意义。打赢脱贫攻坚战与全面实施乡村振兴战略，是新时代补齐全面建成小康社会短板、化解发展不平衡不充分突出问题的重要途径，是2020年决胜全面建成小康社会的重要决策部署。在推进乡村全面振兴进程中，乡村旅游作为连接城市和乡村的纽带，在增加农村地区和农民的经济收入，缩小城乡及地区间差异，创造就业机会，优化农村地区产业结构，减缓贫困，改善乡村的基础设施条件，推动欠发达地区乡村经济、社会、环境和文化发展等方面发挥着重要作用，有效推动了现代文明、文化、科技等在城乡间的共享，在旅游资源丰富地区发挥引擎作用。全面推进乡村振兴，旅游社区的可持续发展能力同样应受到关注。已有研究多侧重于旅游社区的参与能力方面，缺少对社区自我发展能力的研究；对旅游目的地可持续发展能力关注较多，而对旅游社区自我可持续发展关注较少。

基于此，本书以旅游影响相关理论与可持续发展理论为基础，采用质性与定量相结合的方法，其中特别考虑在旅游影响作用下社区区位的重要作用，根据社区和景区的不同区位关系，系统归纳与分析不同区位旅游社区自我可持续发展能力的基本概念、研究进展及其特殊性，并运用案例分析法、描述性统计法和文献归纳法获取指标，构建旅游社区自我可持续发展能力框架。通过观察、访谈和问卷调查等方法，获取案例地基本情况和受访者基本情况，并对样本数据进行量化分析，了解不同景区社区关系中旅游社区发展的情况。具体旅游社区发展情况从区分其所属的景社关系开始。景社关系分为三种类型，即景社一体化型、景社分离型和景社半分离型。对应到本书所选案例地中，依次是西江千户苗寨、北京司马台村和北京古北口村。旅游社区的自我可持续发展能力分析包括生计资本获取能力、主体增权与就业能力和风险应对能力三个方面。进而本书对不同景社关系的社区可持续发展能力进行比较。综合来看，生计资本获取能力、主体增权与就业能力和风险应对能力三者均有强弱划分，从强到弱排名依次为：以千户苗寨为例的景社一体化型社区、以古北口村为例的景社半分离型社区和以司马台村为例的景社分离型社区。最后，本书提出旅游社区可持续发展能力提升建议，分析旅游社区发展的优势与不足。通过上述研究，本书期望能够丰富旅游社区及可持续发展相关理论并对具体社区发展有所裨益。

关键词：旅游社区；自我可持续发展能力；景区社区关系；区位

目录 Contents

1 绪论

1.1 研究背景

1.1.1 旅游业是产业扶贫和乡村振兴的重要组成部分

贫困问题作为当今世界最尖锐的社会问题之一，历来备受国家和学界的关注。自改革开放后，我国已有7亿多农村贫困人口成功脱贫，成为世界上减贫人口最多的国家，并率先完成联合国千年发展目标。截至2014年底，按照每人每年2300元（2010年不变价）收入标准计算，我国仍有7000多万农村贫困人口。消除贫困、改善民生、逐步实现共同富裕，是社会主义的本质要求，是中国共产党的重要使命。2015年11月23日，中共中央政治局审议通过《关于打赢脱贫攻坚战的决定》①，并提出到2020年让7000多万农村贫困人口摆脱贫困的既定目标。2015年国家旅游局和国务院扶贫办联合宣布“十三五”时期（2015—2020年），通过发展旅游将带动17%的贫困人口（约1200万）实现脱贫②。“十三五”规划纲要中指出，乡村旅游扶贫是一项重点工程，计划实现3000万以上贫困人口依靠旅游脱贫。尤其是连片特困地区的贫困问题交织着经济、生态、文化、民族等多种因素，其治理需要采取特殊的手段。我国的连片特困区域大部分保留着原始的自然生态风貌和独特的民族风土人情，为发展旅游业提供了关

① 中央政府门户网站．中共中央 国务院关于打赢脱贫攻坚战的决定[EB/OL]．http://www.gov.cn/xinwen/2015-12/07/content_5020963.html. 2015-11-29.

② 中央政府门户网站．预计“十三五”期间我国17%贫困人口将实现旅游脱贫[EB/OL]. http://www.gov.cn/xinwen/2015-07/10/content_2895358.htm. 2015-07-11.

键条件。同时，贫困区与生态脆弱区的时空结构具有高度耦合性，使得对生态环境影响相对较小的旅游业成为这些地区反贫困的重要手段。其中，旅游社区成为脱贫工作中的重点。

随着脱贫攻坚的不断推进，在取得显著成效的同时，还可以在短期内实现贫困人口“两不愁三保障”和稳定增收。我国随后提出了乡村振兴战略，以达到在消除绝对贫困的基础上，实现农业和农村的全面现代化，从根本上缩小城乡差距的目标。要使中国的农业和农村实现现代化，使农民生活富裕起来，就必须完成脱贫攻坚与乡村振兴两个重大战略任务。脱贫攻坚和乡村振兴中的旅游社区如表1－1所示。

表1－1 脱贫攻坚和乡村振兴中的旅游社区

类别	脱贫攻坚、精准扶贫	乡村振兴
时间	2015—2021年	2018—2035年
目标	到2020年，稳定实现农村贫困人口不愁吃、不愁穿，义务教育、基本医疗和住房安全有保障。实现贫困地区农民人均可支配收入增长幅度高于全国平均水平，基本公共服务主要领域指标接近全国平均水平。确保我国现行标准下农村贫困人口实现脱贫，贫困县全部摘帽，解决区域性整体贫困	到2020年，乡村振兴取得重要进展，制度框架和政策体系基本形成；到2035年，乡村振兴取得决定性进展，农业农村现代化基本实现；到2050年，乡村全面振兴，农业强、农村美、农民富全面实现
重点	贫困人口实现“两不愁三保障”和稳定增收	产业兴旺、生态宜居、乡风文明、治理有效、生活富裕
旅游产业	产业带动，通过“景区带村”“能人带户”“合作社＋农户”“公司＋农户”等模式实现了资源整合和资源变资产、资金变股金、村民变股东	发展旅游业带动乡村实现文化复兴、产业振兴、百姓高兴
旅游社区	旅游业的发展给当地带来收入增加和多方效益，消除绝对贫困	实现社区的全面发展，着眼于相对贫困

打好脱贫攻坚战是党的十九大提出的三大攻坚战之一。这对如期全面建成小康社会，实现第一个百年奋斗目标具有决定性意义。做好巩固拓展脱贫攻坚成果同乡村振兴有效衔接，关系到构建以国内大循环为主体、国内国际双循环相互促进的新发展格局，关系到全面建设社会主义现代化国家全局和实现第二个百年奋斗目标。在乡村振兴战略中，旅游社区仍是发

展的重点区域。实际上，旅游社区自我可持续发展能力的建设尤为值得关注。从社区角度切入，社区居民对原住地的情感依恋、生计方式改变难易程度和自身素质限制等因素阻碍了旅游社区的发展。从中国贫困治理30年的经验来看，社区发展依然存在实践困境（周冬梅，2017），依靠政府发放补贴、易地搬迁等“输血”方式进行扶贫只能解决短期问题，而“自给自足”的旅游社区发展模式亟待构建。

1.1.2 旅游社区是旅游产业发展与目的地建设的重要区域

一个地区理想的旅游产业是由直接的、间接的和引领性的企业组成的联合体，其实际的组合状况取决于东道主社区的规模、资源、愿望和客源市场等因素。Murphy（2004）指出，旅游活动把本地社区与旅游业结合成一种重要的利益伙伴关系，促使目的地成为一种有利于当地经济、社会发展及环境保护的旅游产品。旅游业对当地的社区产生积极的影响，其具有的劳动密集型特征可以为社区的年轻人、老年人提供理想的就业机会。此外，本地居民不但可以获得较高的收入、较多的工作机会，同时也可以使自己的视野更加开阔。与此同时，想要在竞争激烈的旅游市场上成为一个众所周知的旅游目的地，就需要在旅游产业内部建立一种企业合作关系，例如，建立一种具有社会责任和环保意识的企业同盟。在这种情况下，社区就会朝着使多方受益并且平衡的方向发展，实现产业的综合发展。

同样，对于旅游目的地而言，无论是空间位置、地域范围还是旅游资源、活动内容，都需要旅游社区的参与。从社区角度来进行旅游目的地建设和管理，谋求旅游与社区的共同发展被认为是实现旅游可持续发展的有效途径（王珊，2013）。与此同时，旅游发展需要一定的空间，由此带来的一些负面效应很有可能会侵犯社区的利益。例如，导致原来社区生活空间和土地资源的侵占与争夺（吴亚平等，2016；王蓉等，2021；李嘉宇，2023）。由于交通拥挤和噪声等原因，国内外社区居民往往出现对旅游持负面态度的案例（Murphy and Andressen，1988；Sheeldon and Var，1984；刘爱利等，2007；吴亚平等，2016；王蓉等，2021），特别是旅游点渗入居民区的情况更是让部分居民无法忍受。当然，旅游对社区也有诸多的正面影响，例如，通过旅游开发，使得一些传统的社区能吸引更多旅游者，带来更多利润（刘敏等，2015；赵克苏等，2022）。社区发展需求刺激旅游发展，旅游资源的开发与利用激发社区内部活力。然而，社区如何影响旅游发展，旅游又在社区发展中占多大比重等问题值得深入思考和研究。

1.1.3 现有研究对旅游社区自我发展的关注不足

本书以中国知网数据库为检索平台，选择高级检索模式下的主题检索方式，设定主题为“旅游社区”，来源类别为“北大核心”“CSSCI”“CSCD”，截至2023年7月，共检索出748篇文献。通过对文献进行筛选，剔除与主题无关的文献，最终得到有效文献709篇。从旅游社区年度发文量的趋势来看（见图1-1），国内对于旅游社区的研究总体可以划分为三个阶段。第一阶段，旅游社区的研究起步阶段（1997—2003年）。在该阶段，学者发文量较少，7年共计发文19篇，占总发文量的2.7%。学者对旅游社区的研究较为单一，主要集中在旅游与社区文化的融合（庄志民，1997）、旅游社区基本理论（唐顺铁，1998）、旅游社区开发（周玉翠，1999；李玉轩等，2001）、开发建议（刘纬华，2000）等方面的探索。第二阶段，旅游社区的研究发展阶段（2004—2009年）。在该阶段，年度发文量总体呈上升趋势，2009年达到峰值，发文54篇。由此可见，学界对旅游社区研究日益重视，特别是对旅游社区的开发及发展模式进行了大量探讨。此外，2009年中山大学设立阳朔社区旅游研究基地，也标志着社区旅游进入新的快速发展阶段，研究案例地辐射至全国重要的旅游景区及周边区域。第三阶段，旅游社区的研究提升阶段（2010年至今）。2010年以来，旅游社区的年度发文量波动起伏，但学者对旅游社区保持着较高的关注度，并对旅游社区不断进行深入探究。2010年以来，旅游社区的研究领域扩展到旅游扶贫、乡村振兴，研究视角转向居民感知、旅游增权等方面，学者对旅游社区的关注角度更加多元化。

在研究对象的选择上学界多以“乡村旅游+”的视角来分析旅游社区，缺乏以实地旅游社区自我发展作为研究对象的研究。即使研究区域是

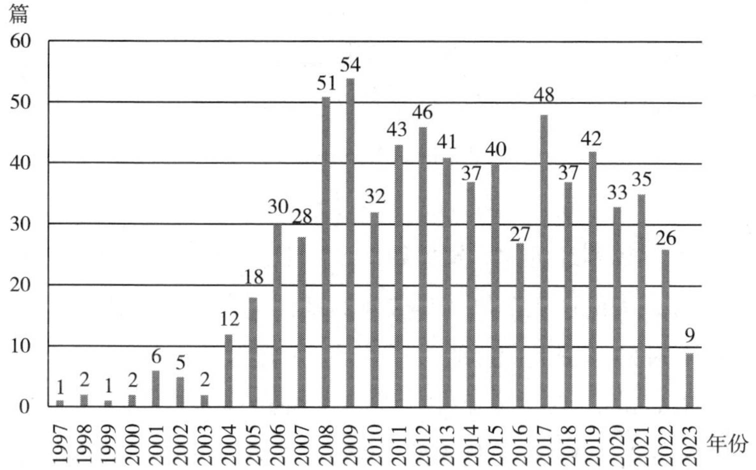

图 1－1　1997—2023 年旅游社区年度发文量

旅游社区，也仅是关注社区旅游如何发展，而忽略了旅游社区的独立性。在研究方法的选择上，主要集中在旅游扶贫效应，包括旅游扶贫带来的地区经济效应。胡柳（2016）提出综合运用经济数据和扶贫绩效主观感知评价，杨毅（2017）建立扶贫效益综合评价指标体系，但没有深入分析旅游社区是如何影响旅游发展的，认为旅游只是社区居民生计手段的一种。对于研究内容的选择，现有的有关旅游社区开发的相关研究，大多是以社区中的“知觉”和“参与”为出发点。整体而言，目前已有研究对旅游社区的整体性发展和自身能力的建设关注不足，同时，也缺少从时间角度上对旅游社区发展能力的剖析和持续发展的研究。

1.2　研究意义

本书基于旅游影响相关理论与可持续发展理论，对旅游社区的可持续发展能力进行深入剖析。一方面，通过对旅游社区的区位关系划分，甄别社区关系对社区居民生计的影响，为旅游社区自我可持续发展能力指标选择提供理论依据。另一方面，通过多种区位关系案例的分析与比较研究，提出更加细化的旅游社区可持续发展建议。

1.2.1　理论意义

首先，随着旅游减贫研究和乡村振兴研究的深入，区域产业发展、景区社区关系与社区发展能力的研究从宏观走向微观。贫困是当今全世界关注的重大社会经济问题，人类为摆脱贫困进行了不懈的努力。消除贫困是全人类的共同目标，是保证社会公平持久发展的根本问题。贫困作为世界著名的3P问题（Poverty、Pollution、Population）之一，受到了众多学者的关注，形成了"排斥说""能力说"和"缺乏说"三种不同的对贫困概念的理解，并形成福利经济学、发展经济学、收入分配理论的反贫困理论流派。作为全球最大的产业，以及在欠发达地区如此广泛渗透的产业，旅游业在消除贫困的实践中起到了不可忽视的作用。以PPT（Pro - Poor Tourism）（Ashley，2001）和ST - EP（Sustainable Tourism - Eliminating Poverty）（Sofield，2004）为代表的旅游扶贫理念的出现，成为解决贫困问题的一种有效手段。虽然目前国内的旅游扶贫研究在旅游扶贫的概念、模式、效应和案例分析方面取得了较为丰富的成果，但总体上更倾向于区域层面的产业宏观发展，对微观的贫困人口受益和发展这一核心问题涉及较少。社区居民（贫困人口）是旅游扶贫的对象，其在旅游扶贫中往往扮演着双重角色，即以旅游扶贫的客体和主体的双重身份出现，是旅游扶贫"最有力的内源动力之一"（王兆峰，2011）。在景区的发展辐射下，社区与景区的关系与自我发展能力成为反贫与阻止贫困代际传递的关键因素之一，也是旅游精准扶贫必须面对的科学问题之一。因此，随着研究的深入与实践的需要，深入剖析旅游发展背景下社区发展能力的空间响应，进一步推进反贫困核心问题的研究，即贫困人群的受益与发展，研究视角从宏观产业转向微观空间影响。

其次，进一步深化和拓展对可持续发展能力理论的研究。可持续发展能力理论被广泛应用在各个领域的研究中，其强大的理论解释能力已经获得诸多肯定。但随着研究范围的扩大，也面临着新的理论拓展问题。随着可持续发展能力理论应用到旅游研究后，亟待解决的问题是：怎样将可持续发展能力与地方旅游业特征进行融合，进而对旅游业发展对地方民生产生的作用进行合理的诠释。在综合考虑旅游业自身发展特征，以及旅游社区的社会、经济环境，对旅游社区生计资本进行明确的基础上，将社区参与、旅游增权、旅游社区特点与功能、脆弱性等纳入分析体系，扩充旅游社区可持续生计发展研究框架，既是对已有可持续发展理论的提炼，又是对旅游社区研究的补充。目前，国内学者对旅游社区的研究集中在旅游扶贫、社区参与、社区增权等方面，本书通过对旅游社区自我发展能力的研究，探讨了旅游社区自身可持续发展的特点和规律，以期进一步充实和完善旅游社区“造血”式发展的理论体系。

1.2.2 实践意义

第一，明确景区影响辐射中的社区发展能力，促进景区与社区的协同发展，提升社区的自我发展能力。社会主义制度的本质要求是实现共同富裕。中国的贫困人口从1978年的2.5亿减少到2010年的2688万，为世界反贫困事业做出了巨大贡献，被世界银行认定为亚洲乃至整个世界发展中国家贫困发生率最低的国家之一。2011年底，根据《中国农村扶贫开发纲要（2011—2020年）》提出的扶贫目标，中央扶贫开发工作会议决定将扶贫标准从2010年的农民人均纯收入1274元提升至2300元，贫困人口规模增至1.28亿。国家旅游局和国务院扶贫办提出，到2020年，通过引导和支持贫困地区发展旅游，使约1200万贫困人口实现脱贫。旅游扶贫的特殊性就在于如何消除或减少贫困人口，同时促进其就业和发展（周歆红，2002）。与其他发展方式相比，旅游业以其强大的市场优势、新兴的产业活力、强劲的“造血”功能、巨大的带动作用成为产业扶贫和乡村振兴的重要方式。

实践中，很多山区将旅游业作为主导优势产业，虽然经过多年建设，一些景区已经发展成熟且经营良好，但周围的社区仍然存在贫困人群。张家界、长白山、野三坡等景区开发历史均超过30年，周边仍有国家级贫困县与贫困社区的存在。因此，亟须从空间上破解景区与社区之间的关系，分析旅游发展与社区发展能力之间的关系。对景区而言，社区的发展是其生态环境保护与人力资源的保障；对社区而言，景区的发展是其重要的发展契机与就业来源。因此，本书对景区与社区的协同发展具有参考价值。在此基础上，明确社区发展能力对旅游影响的空间响应，进而确定何类社区适宜发展旅游，何类人群在旅游发展中受益，以实现旅游发展的终极目标。

第二，本书对研究的案例社区提出具体的发展建议，促进社区发展。实际上，有些社区对旅游业发展过于盲目乐观也会使社区的发展陷入困境。因此，本书基于可持续发展的客观分析框架和评估，为旅游社区的发展提供决策参考。

1.3 研究思路与技术路线

本书围绕“旅游社区自我可持续发展能力”这一核心问题，采用宏观与微观相结合、定性定量相结合的研究方法，确定“旅游发展带来的旅游社区区位差异—社区自我可持续发展能力框架—现状分析—存在问题及类型比较—提升建议”的总体研究思路（见图1－2）。首先，在总结国内外已有研究成果的基础上确定研究思路，对旅游社区的自我发展能力文献进行整理与分析；其次，通过分析数据，选取相关指标，构建旅游社区自我发展能力概念框架；再次，进行定量分析，对不同社区情况进行比较分析；最后，在此基础上，提出提升旅游社区自我发展能力的策略及建议。

一方面，本书基于区位选择的视角，对不同景区—社区区位关系的旅游社区之间进行对比研究，有利于旅游社区自我可持续发展框架的设计。另一方面，分别将旅游与社区、可持续发展能力与自我发展能力相结合，让研究视野变得开阔，可借鉴的指标相对增多。

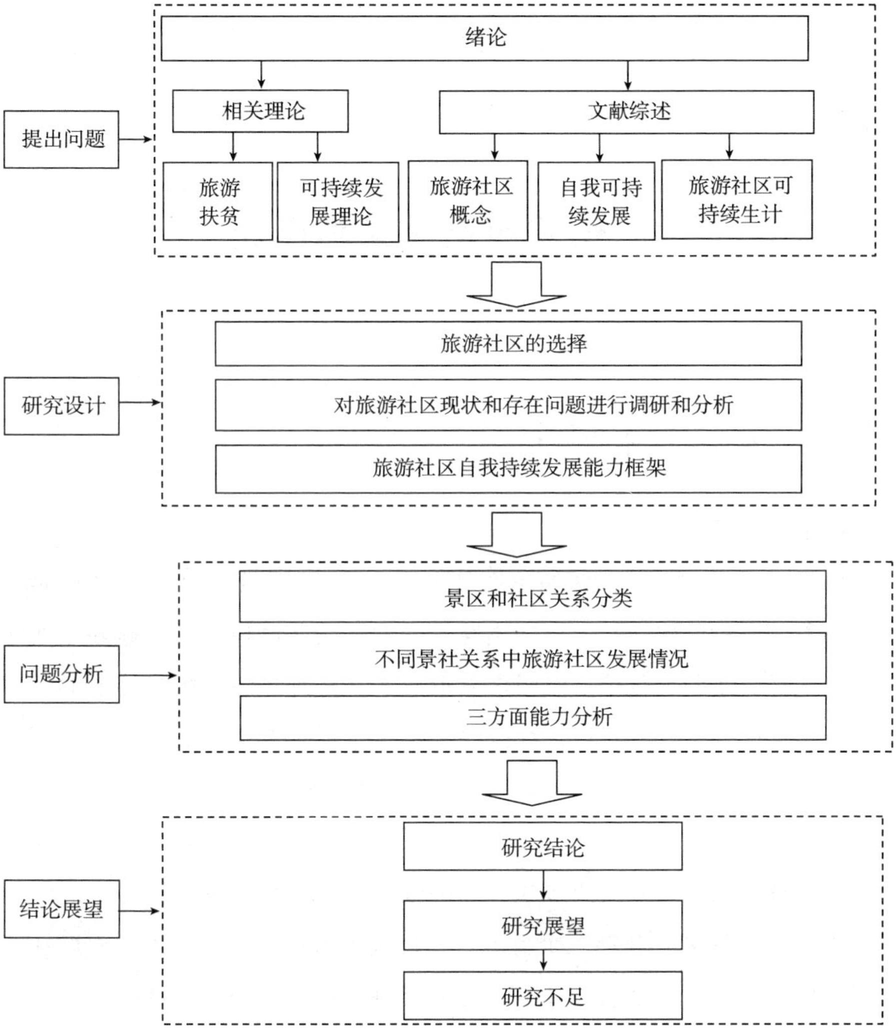
提出问题
绪论
相关理论
文献综述
旅游扶贫
可持续发展理论
旅游社区概念
自我可持续发展
旅游社区可持续生计
研究设计
旅游社区的选择
对旅游社区现状和存在问题进行调研和分析
旅游社区自我持续发展能力框架
问题分析
景区和社区关系分类
不同景社关系中旅游社区发展情况
三方面能力分析
结论展望
研究结论
研究展望
研究不足

图1－2　技术线路

2　相关理论及文献综述

2.1　旅游社区相关研究

2.1.1　社区

1887 年，德国社会学家滕尼斯首次引入“社区”这一概念，社区是指那些有着相同价值取向、人口同质性较强的社会共同体。社区是基于血缘关系、地缘关系和文化等自然因素而形成的，其外延主要限于传统的乡村社区。与社区外部环境对比，社区内部本身价值观趋于一致，人际关系更为亲密（滕尼斯，2010）。莱瑞·赖恩在《社区社会学》一书中指出：社区的构成要素包括人口、地域、生活服务设施、社区文化和管理组织与机构。社区是占据在一块被或多或少明确限定了的地域上的人群会集。芝加哥学派认为“社区”包括三个特点：人群按地域组织、人口不同程度地依赖于其所在土地、个体之间存在依赖关系（Robert，2004）。Sawicki（1996）在社区研究中强调了其功能配置，认为传统上这样一个地区有 5000～10000 名居民，其教育水平、收入水平和种族类型基本相似，并且以邻里小学为核心。

20 世纪 30 年代，燕京大学吴文藻教授首先提出中国的“社区”概念，他在《社会学概论》中将其定义为：若干社会群体（家庭、民族）或社会组织（机关、团体）聚集在一地域里，形成一个在生活上互相关联的大集体。《中国大百科全书》中将社区定义为“通常指以一定地理区域为基础的社会群体”。普遍公认的社区概念的特点是地域性、共同性、互动性，具有基本社会规模与功能性和非正式组织性（赵德华，2007；琚磊等，2012）。

Barkham（1973）对于“社区”的描述是形式简单，意义复杂。阿尼塔·罗迪克（Anita Roddick）曾经引用了神学家马修·福克斯（Matthew Fox）对社区的总结：“社区”一词来源于单词“共享”（communion），意思是大家共同分担一项任务，大家齐心协力做事的能力往往超乎我们的想象（Roddick, 2000）。社区包括两个方面内容：社区的力量和成功做事的能力。Murphy（2004）指出社区存在3个普遍特性：社会功能、空间区域和外部承认。

由于研究的角度和对象的差异，国内外学者对社区概念的认识也不尽相同（见表2-1）。总的来说，从这些学者的观点来看，主要从地域和功能两个方面对社区概念进行界定。只将一个国家或是省份界定为社区的人寥寥可数，常常把某一个村庄、城镇或街区界定为社区。1987年，中国首次将社区理念纳入行政工作。根据国情，民政部（2010）将社区概念界定为“由居住在特定区域的居民组成的社会生活共同体”。

表2-1 社区的界定

依据	作者（年份）	主要观点
地域性	横山宁夫（1983）	社区有一定的空间地区，是一种综合性的聚生群体
	费孝通（1983）	社区是指若干社会群体或组织聚集在某一区域里，形成一个具有生活性牵连的大集体
	龙冠海（1985）	社区是具有地界的社会团体，即人们朝夕共处在某一特定地区的组织体系
	《麦夸利词典》（1988）	社区是若干规模的社会团体，其成员住在一个特定的地点，有共同的政府部门，有一定的文化和历史传承
	陆学艺（1996）	社区指在一定地域内聚集的社会群体或组织，按照一定的规章制度整合为一体的社会实体，是一个具有地域性的社会生命共同体

续表

依据	作者（年份）	主要观点
功能性	唐顺铁（1998）	社区是在进行某些社会活动时，具有某种互动关系和共同文化维系力的人类群体以及活动范围广泛的社会系统综合体
	Roddick（2000）	“共享共同拥有的任务”是将社区人群联系在一起的关键
	夏建中（2000）	社区主要是指具有共同特质和归属感，保持社会联系和社会交往，形成社会实体，以共同联系为重点的群体
	顾朝林（2002）	社区是具有共同目标和共同利益关系的人的社会共同体
地域+功能	黄瑞茂（2013）	社区是指人们聚居在某一地区，与之相连的生活、历史、产业和文化环境，蕴含着“家乡”的情感意识

资料来源：根据上述文献综合整理。

2.1.2 旅游社区

（1）旅游社区的界定

在旅游语境中，当地社区通常被界定为受到旅游发展积极或消极影响的所有人或团体（Singh et al.，2003；Wall & Mathieson，2006）。旅游和当地社区之间的关系是多维度的，包括社会、经济、文化、生态和政治等（Singh et al.，2003）。社区居民熟悉旅游地的自然、社会和文化等特征，通常在旅游发展中扮演服务提供者、销售商、手工艺者等多种角色（Scheyvens，2003），他们充分地了解当地的环境、文化和传统，也具备处理当地问题的经验和能力（Lane & Bramwell，1999；Yuksel，Bramwell & Yuksel，1999），发挥社区居民优势可以确保旅游业充分发展（Lane & Bramwell，1999；Yuksel，Bramwell & Yuksel，1999；Wall & Mathieson，2006）。

Murphy（1985）认为，以社区为基础的旅游观是确保其持续发展的关键。在《旅游：社区方法》一书中，Murphy 将旅游社区定义为发展经济的“一种方法或途径。从社区利益的角度出发，社区控制开发过程、确定发展目标，并由此来追求经济、社会、文化、生态之间的平衡”。《旅游：社区方法》第三章集中体现了 Murphy 的中心哲学论点，即整个旅游业都依赖于当地的资源和居民积极的态度，认为整个社区是一个旅游产品，强调“产品”必须基于东道社区的生态，并且能够自我维持，而不是剥削。尽管旅游发展通常被视为能够协调资源、环境保护与社区生计之间关系的潜在方法（Strickland - Munro et al.，2010；Stone & Nyaupane，2015），社区居民也常将旅游发展视为改善生计的机会（Wall & Mathieson，2006）。然而，相对于各级政府及其相关部门、旅游业相关机构、景区企业等利益主体（Su & Wall，2011；苏明明等，2012），社区居民通常处于弱势地位（保继刚等，2006），在旅游规划和管理的过程中很少享有真正的决策权（Scheyvens，2003），社区利益也常常被置于游客需求之后（Stone & Nyaupane，2015）。因此，旅游发展为社区带来的积极影响常常局限于小部分社区居民（Stone & Nyaupane，2015），很多时候未能实现对社区生计的改善（Stone & Nyaupane，2015），有时甚至加重了周边贫困社区的边缘化和生计困难（Nepal & Weber，1993；Ghimire，1994），引发社区发展与旅游发展之间的矛盾（Nepal & Weber，1993）。旅游社区的相关定义与观点如表 2 - 2 所示。

表 2 - 2 旅游社区的相关定义与观点

特点	作者（年份）	观点
强调旅游资源	刘纬华（2000）	旅游社区的定义涉及：借助某一类旅游资源，如人文资源或自然资源；圈定地域空间范围和经济（经营）活动种类；设立管理旅游经营的机构
	黎洁、赵西萍（2001）	旅游社区是围绕同一旅游资源开展的旅游活动。其中，资源可以是人文类或自然景观类
	孙九霞、马涛（2009）	旅游社区自身或周边范围存在可利用的旅游资源；旅游业是其发展经济的唯一或主要产业，或者可以带动其他产业发展
	余晶晶（2011）	旅游社区的定义涉及：虚拟意义层面上的社会共同体，所有利益相关者围绕某一旅游资源开展旅游相关活动；不依据行政区划的方法
	向富华（2012）	旅游社区的定义涉及：在乡村地区行政村或自然村内，有以同质人口为核心的相互关联的社会群体，当地居民是乡村构成的主要要素

续表

特点	作者（年份）	观点
强调旅游目的地功能	Murphy（1985）	旅游社区是发展的一种方法和途径。从目的地及其意愿的角度，采用生态、社区的方式来制定和规划旅游产品。旅游业能激发当地的主动性，应顾及地方利益，应与当地环境及其人民和谐相处
	唐顺铁（1998）	社区是一个系统综合体，其内部含有共性文化传统。旅游社区即旅游目的地的社区化要素有：一定范围的社区地域、独特的社区文化、优美迷人的社区环境、合理高效的社区结构
	保继刚（2006）	旅游社区是旅游目的地、旅游风景区及其周边与旅游活动联系较为密切的社区，分为城市型和乡村型（2006）。旅游社区分为核心景区类型、中心社区类型和边缘社区类型，旅游业是这些不同类型社区的支柱产业（2018）
	孙诗靓、马波（2007）	能实现旅游者或社区就业的需求；是一种旅游化的产物，也是旅游地的社区化的过程；旅游发展影响其形态或功能
	丁敏、李宏（2016）	随着旅游的介入和发展，社区的形态或功能开始旅游化
	那翠翠等（2017）	旅游社区定义涉及：划分特定居住区域；依靠旅游核心吸引物；有共同的地域情感、社区文化以及组织管理方式等
	马文海（2017）	是一个具体化的综合体，旅游目的地/景区是其载体，并涉及旅游目的地各个要素
	白露（2018）	将 Murphy 对旅游社区观点表述为“旅游社区化”，强调管理方法。其主体包括社区的居民、组织及当地政府；政府不仅仅是利益相关者
旅游综合服务功能	周雪莲等（2014）	旅游社区定义包括：有旅游景区、旅游接待地的功能；区域内包括当地居民、原居民的生活活动；旅游业是主要经济支柱，社区居民可参与旅游发展，并与旅游者进行社会交往；存在一个独特的旅游社区文化和价值体系
	袁立梅等（2015）	旅游社区是一个系统综合体；依托某一旅游资源或居民的生活方式参与开展旅游活动；选择较近的地理位置居住或活动
	李萍等（2016）	城市旅游社区：吸引力要素是当地文化或创意创新文化；免费开放；游客和居民均可休闲的区域；旅游区域是面状的空间形态

续表

特点	作者（年份）	观点
强调空间区域	毛长义等（2010）	旅游社区是旅游目的地社区居民的居住区（村庄或城镇），范围可涉及景区内部、边缘或外围
	刘静艳等（2011）	生态旅游社区：生态旅游目的地所在的当地集镇
	陈东旭、唐莉（2014）	民族旅游社区：一个具有象征意义的结构，由当地少数民族扮演的、额外的、旅游化的社区

资料来源：根据上述文献综合整理。

旅游社区是“社区”在旅游领域的发展和细化，它强调了社区的旅游属性。在对现有文献进行梳理后，本书将旅游社区划分为旅游资源、旅游目的地功能、政府主体性、旅游综合服务功能、空间区域性5个类别。其中，对旅游资源的关注并不局限于城市、乡村或民族地区；对旅游社区主体是否含有政府存在不同意见，但定义的核心主体还是社区居民；从旅游目的地的角度出发，则考虑目的地社区的旅游功能建设，虽然研究的目的地类型不同，但是都是从地理学空间角度去定义旅游社区。随着旅游对社区影响的逐渐加深，旅游社区的地理边界趋于淡化，社区与景区的位置关系不再是旅游社区概念界定的基本因素。本书认为旅游社区是，既有旅游目的地服务功能，又有本地居民生活基础，旅游业在社区经济中占一定比重，居民、社区组织、政府、企业等利益相关者均参与到旅游发展中，关注社区居民福祉的综合体。

（2）旅游社区的国内研究热点

本书以中国知网数据库为检索平台，以“旅游社区”为主题，来源类别为“北大核心”“CSSCI”“CSCD”，截至2023年7月，以通过检索和有效剔除后的709篇文献为文献库，采用CiteSpace软件进行关键词分析，生成旅游社区关键词共现图谱（见图2－1）和高频关键词表（见表2－3）。由图2－1、表2－3可知，在提取的前10个高频关键词中，社区参与是节点最大的关键词，出现频次高达194次，其次是乡村旅游和生态旅游，分别出现66次和56次，学者尤为关注这两类旅游业态。此外，目前国内研究中社区、社区旅游、社区居民、旅游、旅游开发、旅游社区、旅游发展、旅游影响也是旅游社区的重点研究问题。

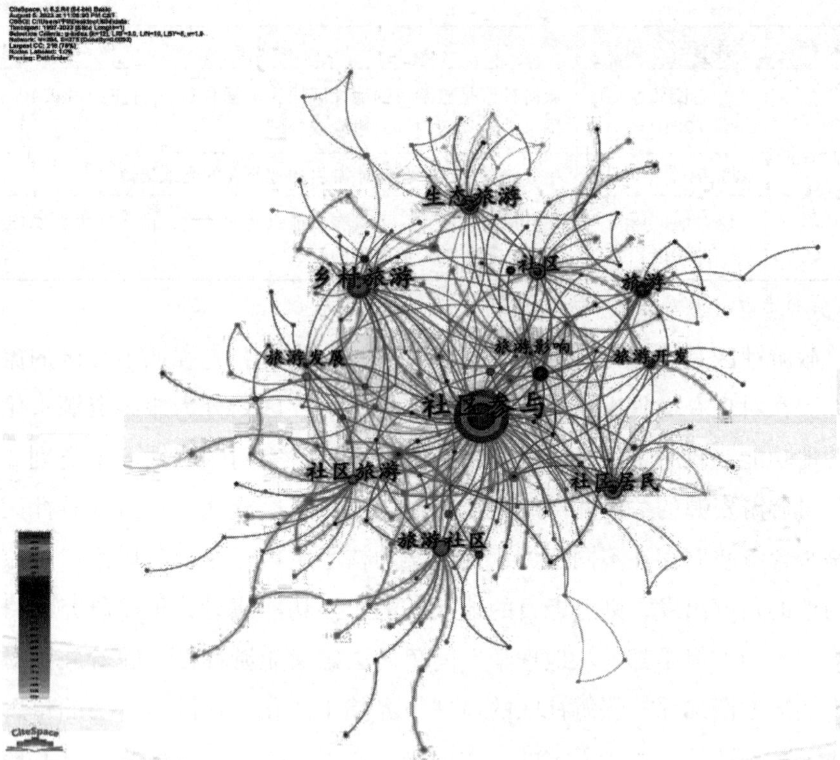

图 2-1　旅游社区关键词共现图谱

表 2-3　旅游社区高频关键词表

关键词	频次	年份
社区参与	194	2000
乡村旅游	66	2006
生态旅游	56	1998
社区	45	2005
社区旅游	39	1998
社区居民	36	2001
旅游	32	2002
旅游开发	30	2004
旅游社区	26	1998
旅游发展	21	2005
旅游影响	17	2009

资料来源：根据有效文献的 CiteSpace 分析结果综合整理。

在关键词共现分析基础上，本书提取了10个突现词（见图2－2），有助于理解不同时间旅游社区的研究重点及热点。在旅游社区的研究起步阶段（1997—2003年）和快速发展阶段（2004—2009年），生态旅游和社区旅游是阶段性研究热点，原因在于两种旅游形式是旅游可持续发展中不可或缺的机制，能够实现旅游和社区价值共创。在旅游社区的研究提升阶段（2010—2023年），旅游社区一词的关键词突现程度最高，学者意识到旅游地建设的社区化和社区的旅游化已成为当前旅游发展的趋势。进一步说明旅游社区是旅游发展中不可或缺的一部分，关乎旅游可持续发展。此外，2013年11月，习近平总书记在湖南湘西考察时首次提出“精准扶贫”的概念，紧接着推行脱贫攻坚战和乡村振兴战略，学界由此将旅游扶贫、乡村振兴作为研究热点。从中可以看出，旅游社区的研究热点具有一定的政策导向性。同时，在政策的支持下，乡村振兴具有极高的突现度和高影响力。

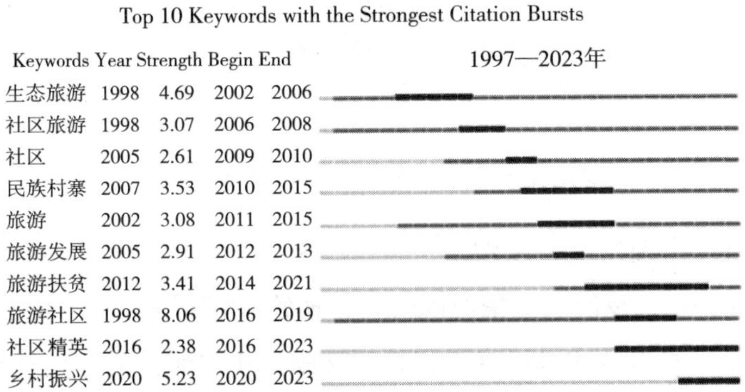

图2－2　旅游社区关键词突现图谱

为了把握旅游社区的整体发展和研究热点，本书根据709篇文献生成关键词聚类图谱（见图2－3）。从聚类结果来看，研究围绕#0社区参与展开。可见，社区参与在旅游业中的作用日益受到重视。学者探讨了社区居民在旅游规划、决策、管理中的参与程度，以及这种参与如何影响旅游的可持续发展。此外，不同旅游形态下的社区参与（#1社区旅游、#2生态旅游、#5乡村旅游），以及社区参与旅游的发展（#4旅游开发、#8旅游发展、#9旅游影响）也是学界关注较高的热点主题。旅游和社区不是独立的关系，旅游的社区化以及社区的旅游化相互延伸，是旅游业发展的必然选择。

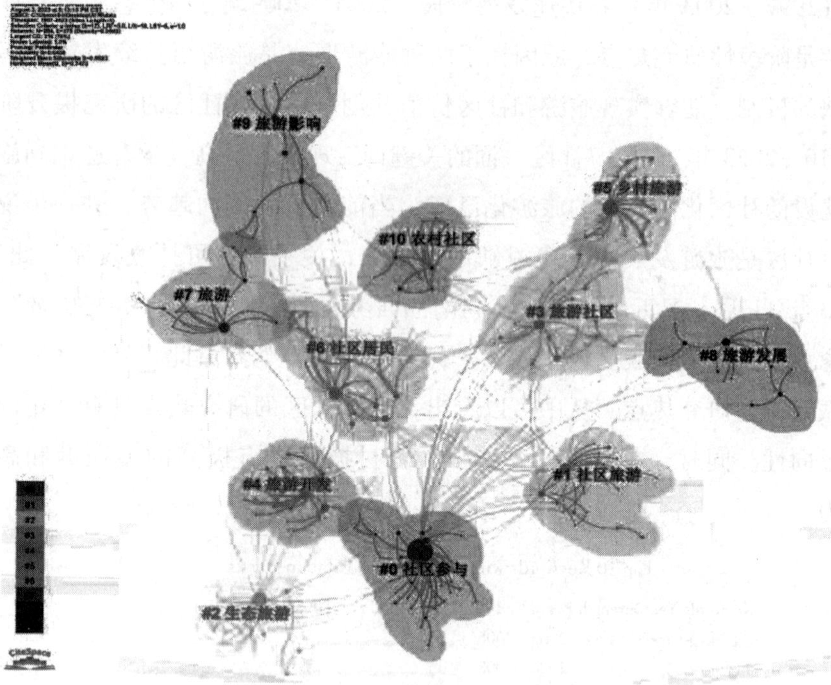

图 2－3 旅游社区关键词聚类图谱

以关键词出现年份为 X 轴，聚类标签为 Y 轴，生成关键词的时间线图谱（见图 2－4），反映同一聚类以时间为轴的研究变化趋势。由图 2－4 可知，2000 年开始涌现出社区参与的核心文献，主要研究内容包括社区参与旅游的机制、发展模式等，研究热度持续二十余年。旅游社区的核心文献始于 1998 年，但当时的关注度较低。直到 2016—2019 年，旅游社区研究进入高关注度阶段，研究内容包括社区治理、地方感和旅游可持续发展。2019 年之后对旅游社区的关注再次趋冷。当前，以及未来的研究关注点主要在于乡村旅游、旅游发展以及旅游影响方面。可见，旅游社区研究具有时代特性以及政策导向性，并始终服务于旅游的可持续发展。

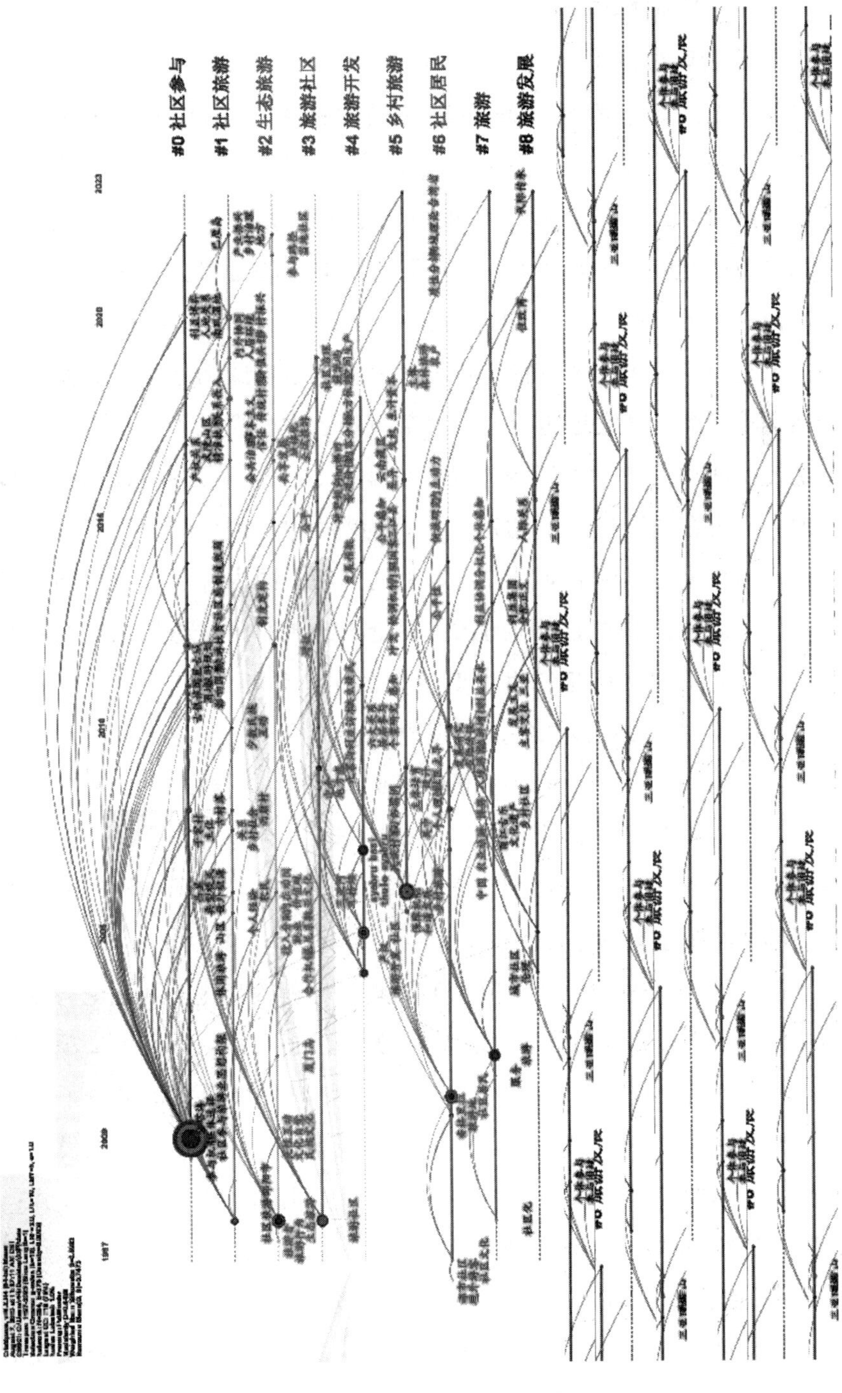

图 2-4 旅游社区关键词时间线图谱

2.1.3 旅游社区区位

（1）旅游区位概念

区位一词来源于德语“standort”，英文译为“location”，即定位、位置、场所之意，我国译为“区位”，日本译为“立地”。“区位”一词在《现代汉语词典》（第7版）中意为“地区位置”，而课本中的解释是：“某事物的区位包括两层含义：一方面指该事物的位置，另一方面指该事物与其他事物的空间联系。”对区位一词的理解，严格地说还应包括两个方面：①它不仅表示一个位置，还表示放置某事物或为特定目标而标定的一个地区、范围；②它还包括人类对某事物占据位置的设计、规划。区位活动是人类活动的最基本行为，是人们生活、工作最初步和最低的要求，可以说，人类在地理空间上的每一个行为都可以视为一次区位选择活动。区位是人类在进行生产活动时首要解决的问题，国内外学者从不同层面对区位进行了讨论，形成了相应的区位理论。经典的区位论如杜能的农业区位论、韦伯的工业区位论、克里斯泰勒的中心地理论和廖什的市场区位论。尽管区位论存在假设条件过于理想化、一些理论只注重理论推导等不足，但其试图从点、线、面等区位几何要素进行归纳演绎，从地理空间角度提示了人类社会经济活动的空间分布规律，揭示了各区位因子（因素）在地理空间形成发展中的作用机制。这种抽象和概括对具体的理论扩展和应用都起了非常重要的作用。

早在20世纪50年代到60年代克里斯泰勒就提出中心地理论。克里斯泰勒从旅游需求的角度出发，把影响旅游活动的区位因素分为12项，如体育运动和艺术等。此后，国外的其他学者，针对发展模式也进行了相应的研究，如齐瓦·T. 乔威塞克（Z. Jovieie）提出了中心地的腹地模式；狄西（Deasy）和格里斯（Griss）提出旅游吸引周围的同心影响带模式；另外，随着研究的深入、研究方法的丰富，20世纪六七十年代，约克鲁（Yoreno）和弥尔西（Miossee）等学者也进行了类似的研究（朱彦玲，2012）。直到20世纪后期，美国学者克劳森（Clawson）的研究有了新的突破，他提出旅游区位三种指向（利用者趋向型、资源基础型和中间型）。

于是继德福特（Defert）提出旅游业布局五条原理后，用区位理论研究旅游业日趋受到重视。朱彦玲（2012）指出旅游区位论是研究旅游客源地、目的地和旅游交通的空间格局，地域组织形式的相互关系及旅游场所位置与经济效益关系的理论。吴智钊（2018）认为旅游区位论（Tourism location theory）是研究旅游目的地空间位置与其经济效益之间的关系的理论，研究内容不仅包括某个旅游目的地相对于其他类似区域的地理位置和空间关系，还包括某个旅游地中旅游场所的地理坐标、空间格局、内外交通及旅游流等。

李文龙（2011）认为旅游区位是通过旅游目的地与其客源地相互作用中的相关位置和交通可达性来体现的。可以将旅游区位理解为旅游目的地对其周边客源地的吸引力和影响力，或者说一个客源地对其周边旅游目的地的选择相对偏好。区位因素对旅游业的发展具有推动或制约作用，良好的区位条件和区位规划设计，能够吸引众多游客，推动旅游业的发展；反之，则制约着旅游业的发展。旅游区位划分为客源、资源、交通和认知区位 4 种。张艺真（2018）认为区位包括这类事物本身的位置和它与其他事物所产生的空间上的联系。陈擎（2010）认为旅游区位表示旅游景点与其客源地相互作用中的相关位置、通达性及相对意义，是景点吸引客源地的因素之一，也是客源地对景点偏好的表现之一。根据地理学的地域分析，王大力（2015）认为旅游区位以地理学区位因子为依据偏重对单一地域的研究。孙根年（2001）强调区域开发要考虑时空尺度，在一定尺度内优化开发，进而对旅游业发展产生影响。旅游区位的概念强调了区位与旅游相关现象的联系，并将旅游各要素与区位相联系。王赫（2018）认为旅游区位可以划分为旅游资源区位、交通区位、客源区位和认知区位，但是相对距离、社会经济、政府行为、文化差异等也是影响旅游区位的重要因子。吴智钊（2018）认为旅游区位可以看成一个资源点对其周边客源地的拉动能力，这是由客源地游客对其周边旅游目的地的选择偏好不同所体现出来的。

（2）旅游社区区位的重要性

描述区位就是研究差异。通常情况下旅游社区的社会功能和空间背景相联系。因此，在对社区发展进行规划时，就需要充分考虑社区的规模以及它成为一个单元所承担的功能。旅游社区依赖于一定的空间范围，其作为一个系统综合体，由当地社区、旅游企业、旅游者、政府、社会组织等多个相关利益者组成。

在旅游社区发展过程中，区位成为一个重要的影响因素。陈炜等（2022）选取了贵州省不同地域空间、不同民族和不同发展模式的25个村寨作为研究点，最后得到其发展的主要因素在于特色旅游资源、旅游区位、旅游偏好及旅游产品。在旅游社区的发展中，特色旅游资源主要是自身及周边的特定地域空间内形成的能对游客产生吸引力的独特因素。旅游区位因素主要体现在4个方面：旅游交通良好、地理位置优良，与城镇空间距离较近，区域内景点串联度强，附近客源市场规模较大。旅游区位、特色旅游资源和旅游产品交织明显。刘民坤等（2021）结合全国乡村旅游社区探讨乡村振兴旅游路径的生成逻辑，共生成七条具有差异化的乡村振兴旅游路径，其中“政策与经济双驱型旅游路径”是乡村振兴的旅游最优路径；经济发达地区的重要旅游路径为“市场需求导向型旅游路径”“政策与经济双驱型旅游路径”和“高乡村性与高参与性加持型旅游路径”，经济欠发达地区的最重要路径包括“景区依附型旅游路径”和“资本加持型旅游路径”。尤其对于经济欠发达地区而言，社区和景区之间的关系至关重要，也是大多数社区选择的发展路径。张爱平等（2017，2023）研究认为，邻近旅游景区、靠近旅游通道、位于旅游社区的农户具有旅游参与的天然优势，旅游从业者往往多于其他地理位置的农户。景区对邻近社区具有农地、人力资源依赖性，邻近社区投入资源并参与景区旅游生产，社区农户为此获得旅游发展的制度红利，旅游参与机会及发展福利伴随制度安排的演进而变化。同样区位的重要影响在一些乡村旅游地区也较为常见（吴孔森等，2020；龚箭等，2021）。由此可见，区位条件不仅影响到旅游社区的发展也影响到社区内居民的生计状态。

研究发现，景区选址对景区发展的作用主要体现在三个方面：经济发展水平、社会公平水平和生态环境质量。首先，二者存在经济发展层面的关系。朱艳梅（2012）认为资源区位是在限定范围内，一处旅游点的旅游资源与其他旅游资源的空间组合关系，同时代表着其旅游资源的比较优势。通过区位划分，明确交通等基础设施与客源市场的等级，弥补不足，进而提高社区内部经济可持续发展能力。其次，二者存在社会公平发展层面的关系。孙九霞（2017）以川藏公路和鲁朗社区为例，说明道路的修建使其附近边缘社区得到发展，同时老旧公路沿线景区客流量急速下降，即道路结构的改变对边缘社区的地缘政治产生影响。因此社区的发展不能高度依附于外部力量，内生机制不完善的边缘社区更需要提升自身能力建设以实现可持续发展。最后，二者存在自然生态发展层面的关系。杨杰（2017）以四川民族地区为例对区位类型进行划分，认为关注乡土资源和开发与重视乡土性的举措有利于提高乡村的旅游接待能力。从区位角度划分旅游社区类型，如核心社区、中心社区和边缘社区的划分，有利于旅游社区从地理位置、物质资本、政治制度和社会文化等方面实现可持续发展。

（3）旅游社区区位的要素

由于区位对于旅游业发展以及各种社会活动非常重要，不同的研究者根据自己研究的需要进一步界定了旅游区位的研究内容。总体上，大多数学者对旅游区位的考量主要是空间距离，关于区位条件的测度往往以旅游目的地为空间参考，涉及交通可进入性、城乡连通条件等内容，在此基础上进一步考虑旅游目的地的供需关系和开发条件等。旅游区位的研究维度如表 2－4 所示。

表 2－4　旅游区位的研究维度

研究者（时间）	旅游区位的因素	研究案例区及尺度
李文龙（2011）	旅游资源区位、旅游客源区位、旅游交通区位、旅游社会经济区位	呼包鄂地区旗（县、区）
朱彦玲（2012）	旅游资源区位、客源区位、旅游交通区位	黑龙江省
杨荣斌等（2013）	资源区位、交通区位、客源区位、认知区位	吉安市毛泽东祖籍游览苑
陈炜等（2022）	旅游交通良好、地理位置优良，与城镇空间距离较近、区域内景点串联度强、附近客源市场规模较大	贵州民族旅游村寨
黄志毅等（2023）	旅游目的地与旅游客源地之间的交通通达性	湖北省 17 个市（州）

续表

研究者（时间）	旅游区位的因素	研究案例区及尺度
张爱平等（2023）	住宅到景区距离、公路距离、村部距离	江苏兴化垛田千垛景区周边的东旺南村、东旺北村、西旺村的农户

显然，不同尺度的研究对区位的界定也有差异。总体上，从旅游社区这个尺度可以归纳为两个重要的关系：第一，在较大尺度上，旅游社区距离主要交通干线的位置，决定了交通便捷性由此带来的客流量以及发展机会；第二，在交通区位下一级尺度上，旅游社区距离景区的位置，决定了旅游吸引力的辐射以及相应的住宿、餐饮等旅游供给设计的供给配置以及发展机会。

2.2 自我可持续发展能力基本概念

2.2.1 可持续发展能力

随着环境恶化、资源短缺、经济波动以及人口膨胀等问题日益凸显，人类的发展观念经历了从“增长”到“发展”，再到“可持续发展”的重大转变。1962 年，美国生物学家卡逊在《寂静的春天》一书中深刻阐述了农药的使用污染了自然环境，一时轰动了世界并且影响深远，唤起了人们的环保意识。1987 年，世界环境与发展委员会在《我们共同的未来》中将“可持续发展”定义为“既满足当代人的需求，又不对后代人满足其自身需求的能力构成危害的发展”，完整而系统地阐释了可持续发展的思想内涵。1992 年，世界环境与发展大会在巴西里约热内卢召开，大会通过并签署了《21 世纪议程》，提出了全球可持续发展框架，标志着可持续发展思想成为一种全球共识。可持续发展是强调自然、社会和经济三大系统协调发展的复杂系统，具有动态性、整体性和综合性等特征，并涉及地理学、生态学、经济学、社会学等诸多学科领域。可持续发展政府/组织层面的相关概念如表 2－5 所示。

表 2－5 可持续发展政府/组织层面的相关概念

角度	概念
自然生态	在 1980 年印发的《世界自然资源保护大纲》文件中明确提出可持续发展的概念，必须研究自然的、社会的、生态的、经济的以及利用自然资源过程中的基本关系，以确保全球的可持续发展
	1991 年国际生物科学联合会（IUBS）和国际生态学联合会（INTECOL）共同把可持续发展的含义界定为：为了保障环境系统的自我更新和生产能力不被破坏，在进行自然资源的开发利用时不能超越环境的承受能力和更新能力
社会属性	在 1992 年出版的《保护地球——可持续发展战略》一书中，将可持续发展定义为"在生存不超出维持生态系统承载能力的情况下改善人类的生活质量"，并提出九条基本原则，强调了人类活动要与地球承载能力保持平衡
	在《中国 21 世纪议程》中，注重谋求社会的可持续发展；在资源的可持续利用和良好的生态环境基础上发展。可持续发展涉及可持续经济、可持续社会和可持续生态等方面的协调统一。党的十八大报告提出"五位一体"总体布局，经济建设、政治建设、文化建设、社会建设、生态文明建设，不断推进中国特色社会主义的全面发展、协调发展、可持续发展
经济建设	在《1992 年世界发展报告》中，提出可持续发展是建立在成本效益比较和审慎的经济分析基础上的发展和环境政策，加强环境保护，从而导致福利的增加和可持续水平的提高

资料来源：根据上述文献综合整理。

不同的国家政府和地区组织从顶层设计角度出发，关注的是在自然资源和环境容量有限的现实条件下，通过社会可持续发展能力来提高资源承载力和保护生态环境的能力，并实现社会、自然生态与经济协调发展。联合国认为可持续发展能力是一个国家沿可持续发展道路前进的能力，该能力在很大程度上取决于其人民和体制的能力及其生态的和地理的条件。由世界著名的可持续发展研究者联名发表的《可持续发展能力学》一文中，将可持续发展能力定义为：如何维持地球生存系统去满足人类基本需求的能力。也有学者从系统的角度提出了可持续发展能力的概念。Hansen（1996）认为一个系统可以达到可持续状态的能力，可以用特定系统的功能水平逼近可持续发展目标的概率去度量。不同的学者将系统界定为生态系统、区域综合土地系统、城市系统等。国外关于可持续发展能力概念的研究如表 2－6 所示。

表 2-6 国外关于可持续发展能力概念的研究

作者	发文时间	概念
Hansen	1996 年	一个系统可以达到可持续状态的能力，可以用特定系统的功能水平逼近可持续发展目标的概率去度量
Isan	1996 年	生态系统的稳定性和对外界干扰的抗性
Susan	1996 年	一个地区的土地生产能力以及自然环境、社会环境对国民经济发展的保障能力
Campbell	1997 年	城市的可持续发展能力，是指当一个城市的资源具有价值、稀缺性和难以模仿性时，该城市就有了自己的可持续发展能力，这里的资源主要是自然资源、资产、知识、信息和组织程序等
Kate	2001 年	可持续发展能力是维系地球生存支持系统去满足人类基本需求的能力

资料来源：根据上述文献综合整理。

牛文元（1994）较早将可持续发展理念引入国内。他将可持续发展能力定义为：一个特定空间可持续发展系统在规定目标和预设阶段内，可以成功地将其发展度、协调度、持续度稳定约束在可持续发展目标内的概率，也就是社会、经济和环境复合系统成功地延伸至可持续发展目标的能力，其定位强调的是一个系统内的子系统相互支撑和保障目标的实现。陆大道等（2000）强调系统内的要素支撑和保障，他认为可持续发展能力是指可持续发展系统内的各要素对发展的支持与保障能力。万劲波等（2005）认为，可持续发展能力是国家或区域理想目标能更快、更好地变为现实的能力，具体操作包括转变与改进发展模式、统筹更为广泛的发展要素、实现环境社会系统稳定演进和获得“经济—社会—环境”三要素整体增益。张秦（2013）认为可持续发展是一种目标，可持续发展能力是一种（非现实的）可能性或潜力。因此，可持续发展的实现需要过程。李玉恒等（2019）不仅关注到系统内部，还进一步拓展系统和系统外部的关系，他们认为可持续发展是提高发展弹性的过程，发展弹性是一种应对外界干扰的综合能力，即可持续发展能力。相对于国外学者倾向于将可持续发展能力看作一种价值导向而言，国内学者对可持续发展能力的界定依然遵循了硬件和软件系统持续性的原则，更多地倾向于实践应用性，进一步探讨和描述构成可持续发展能力的具体要素。国内关于可持续发展能力概念的研究如表2－7所示。

表2－7 国内关于可持续发展能力概念的研究

作者	发文时间	概念
牛文元	1994年	一个特定空间可持续发展系统在规定目标和预设阶段内，可以成功地将其发展度、协调度、持续度稳定约束在可持续发展目标内的概率，也就是社会、经济和环境复合系统成功地延伸至可持续发展目标的能力
王伟中	2000年	可持续发展能力是人们不断改善能力、提高效率的过程，是一个国家或地区在开发、利用和加强组织机构与个人实施可持续发展过程中所有努力之和
陆大道等	2000年	可持续发展能力是指可持续发展系统内的各要素对发展的支持与保障能力
贾若祥等	2003年	区域可持续发展能力是指区域可持续发展系统内各要素对发展的支撑与保障能力，包括经济发展能力、社会发展能力、资源供应能力以及对环境质量的控制能力
李德水	2003年	可持续发展能力是一个特定系统在规定目标和预设阶段内，可以成功地将其发展度、协调度、持续度稳定地约束在可持续发展阈值内的概率。对于可持续发展能力战略来说，可持续发展能力既是衡量其实施水平的基本标志，又是其实施中着力培育的物质能力和精神能力的总和
万劲波等	2005年	可持续发展能力是指国家或区域通过行为的整合，推动发展模式的转变与持续改进，高效、公正地统筹发展要素，实现环境社会系统稳定演进和获得“经济社会环境”整体高增益，使国家或区域可持续发展的理想目标能更快、更好地变为现实的能力
周炳中等	2008年	是支撑和不断推进港口城市可持续发展的主客观条件的总和，是由保障或促进可持续发展的包括资源环境、经济、港口生产、智力和社会协调等方面多要素构成的支撑体系，是在发展过程中质量与数量呈积累性变化的动态系统
张秦	2013年	在一个特定的区域和自然空间内，能够使区域内经济、社会和资源环境等各子系统持续、协调、高效运转，实现生态平衡、社会公平、经济高效的各种主客观条件的总和，并在发展中呈现出质与量的累积性变化
郭淑芬等	2017年	可持续发展能力是实现可持续发展所具备的可能与潜力
李玉恒等	2019年	可持续发展是提高发展弹性的过程，发展弹性是一种应对外界干扰的综合能力，即可持续发展能力

资料来源：根据上述文献综合整理。

总体来说，可持续发展能力是一种可变现能力，通过设定目标、战略或系统、模式等形式实现社会、环境、人民生活的质量稳步提升，使环境与发展、人的精神与物质需求、竞争与公平之间平衡相协调。随着对可持续发展研究的深入，从不同角度对可持续发展能力进行研究已越来越重要，不仅是因为可持续发展能力作为不同尺度系统实现自身可持续发展的能力，还表征着不同系统可持续发展的可能性及其实现程度。已有研究多关注大尺度系统的可持续发展能力，但不能忽略在小尺度上的更精确地度量自然、经济和社会系统之间的关系，进而为社区政策的制定和各种管理机构对社区资源的再配置与可持续利用提供更多的可能性。

2.2.2 自我可持续发展能力

当前，学术界对各地区自我发展能力、连片特困区自我发展能力、农村自我发展能力等方面的研究，往往将地区看作一个整体，来考察地区内部各因素的协同创造能力。近年来，也有学者从微观层面研究人群自我发展能力，其中包括农户、牧民、贫困人群等的自我发展能力研究。即使自我发展能力的概念在不同时期和不同的学者之间有差异，但其主体思想都是依靠自身的能力促进发展的。微观能力研究的是个人自由和影响个人自由的社会因素。1999 年，阿马蒂亚·森提出关于“自由”的理论框架，主要关注的是剥削、贫困和压迫，包括长期的贫困与得不到满足的基本需求，大范围的饥荒，对基础的政治自由和基本的自由权的侵犯，对妇女的利益和主体地位的严重忽略，对环境及经济与社会生活的维系力不断加深的威胁。陈作成（2013）认为自我发展能力就是充分依靠和发挥自己内在潜力来开拓自己的能力，或者说是充分发挥生产力整体功能的作用，在面对任何灾难时，均具有自理、自治、自强的能力。在现有研究宏观区域自我发展能力的领域内，传统经济理论对学者产生较大影响。较为典型的“自我发展能力”概念由鱼小强（2002）提出，即一个国家或地区经济系统内部的经济效益和地区积累能力。李盛刚（2007）认为自我发展能力是指一种能够促进区域多方面和谐、平衡、长效发展的能力，是促进发展最根本的要素。王科（2008）认为区域自我发展能力相当于自然生产力与社会生产力的总和，总体概括区域内自然、物质、人力和社会四个资本的积累情况。徐孝勇（2016）认为，农村贫困地区自我发展能力是自然生产能力与社会生产能力的总和。其中，自然生产能力包括资源环境承载力，社会生产力包括经济集聚力和社会发展力，二者共同起到优化资源配置作用，推动经济、生态和社会协调发展。苏欣等（2017）通过一个例子来说明，即不依靠政府补贴，贫困村资金互助社可以实现持续经营。本书通过文献综述发现，发展能力演进趋势为，从新奥地利学派的理论模型使用自身能力（viability），到20世纪80年代新古典经济理论分支使用内生增长能力（the theory of endogenous growth），再到1972年联合国人类环境研讨会提出可持续发展能力（sustainable development）及现在的自我发展能力（self – development ability）。

2.3 旅游社区自我可持续发展能力研究进展

2.3.1 旅游社区可持续发展能力的概念

可持续发展概念延伸出来的可持续旅游，涉及社区旅游、生态旅游、乡村旅游、低影响旅游、替代性旅游、软旅游、负责任旅游、绿色旅游、自然旅游等。可持续旅游大致可分为两类：一类是“可持续旅游的开发”，关注的是旅游产品，使旅游本身得以发展，如Hunter（1995）称为“旅游中心主义”；另一类是“可持续的旅游开发”，旅游是实现总体可持续性发展的工具。本书以旅游社区为对象，研究的核心还是旅游活动如何促进社区更好发展。1990年，“Globe 90”国际大会提出可持续旅游发展的五个具体指标：①增强人民生态意识，了解旅游产生的环境效应和经济效应；②缩小地区差异，公平地发展旅游；③明确开发旅游的目的，提高当地生活水平；④提高开发旅游目的地的水平，为旅游者提供高质量的旅游服务和经历；⑤保护是旅游开发的前提。旅游社区可持续发展能力相关概念如表2－8所示。

表2-8 旅游社区可持续发展能力相关概念梳理

角度	侧重点	作者（年份）	主要观点
社会	资源管理	刘晖（2001）	在民族旅游与民族社区研究中，管理旅游资源要注意经济、社会和美学的需要
	旅游与社区的整合	赵福祥（2005）	关注旅游与社区可持续发展的过程、旅游业与社区的利益主体参与性
	利益关系	唐玲萍（2006）	重视环境、旅游者和当地社区三者间利益的协调，目标是促进社区的整体发展
	居民感知	卢松等（2009）	在古村落旅游社区的发展中，改善古村落居民对旅游发展的感知与态度，这有利于社区旅游可持续发展和遗产保护
经济	经济建设制约	许树辉（2006）	制约社区旅游可持续发展的障碍因素，包括现有旅游社区接待能力、自然环境保护内容、功能分区与居民搬迁、交通通信等基础设施要求
		许水平等（2014）	地方政府或景区迫于发展资金不足的压力，会采用一些短视的行为，短期内有利于缓解景区发展资金短缺问题，但长期则削弱了景区的可持续发展能力
文化	观念更新	贾县民（2008）	生态旅游发展中，景区、社区居民和政府的价值观应与时俱进
	社区主导旅游	王倩（2015）	在少数民族社区的旅游开发方面，不损害文化和自然生态可持续性是前提，尊重民族地区意愿和权益，发展其民族文化特色的旅游事业
	文化建设制约	黄莹莹（2017）	从反面说明，丧失农村地区可持续发展能力的特征包括：缺失有吸引能力的文化元素，如农耕文化、传统技艺、特色民俗等元素；缺乏深度打造的乡村休闲产品和文化氛围
政治	政治参与	王瑞红、陶犁（2004）	社区政治的层面也要纳入思考范围，同时也要关注社区居民主体意识和自治、自我发展能力的建设
	提高社区参与度	房艳刚、刘继生（2006）	在生态旅游中，基于社区是其发展的高级阶段，有利于增强社区的自我发展能力

资料来源：根据上述文献综合整理。

根据CNKI网站中关键词检索发现，基于社区的旅游类型很多，如生态旅游、文化旅游、负责任旅游等；对旅游社区地理区域划分的有城市和农村；还有按民族划分的少数民族旅游社区。无论按哪种方式划分旅游社区，众多学者对旅游社区可持续发展的关注仍聚焦于社区参与。可持续发展能力的第一层面是社会、经济、文化和政治，第二层面是观念更新、政治觉悟、赋权、感知等。总结发现能力核心是以居民为主，映照了以人为本的可持续发展理念。旅游社区的可持续生计关注文化建设、经济制约、利益关系、旅游与社区整合等，加之年代变化，突出了旅游社区可持续发展的复杂性与动态性。旅游社区的可持续生计概念如表 2－9 所示。

表 2－9 旅游社区的可持续生计概念梳理

侧重点	作者（年份）	主要观点
资产与经济选择	苏芳等（2009）	这种生计包括能力、资产以及满足生活需求的活动，特点是关注自身所有资产和其选择之间的联系
基础资本	傅民等（2009）	生计有三个重要的基础，即能力、资产和活动。其中，资产包括有形资产和无形资产
适应城镇化	周洁（2013）	赞同钱伯斯观点，生计包含人们实现生计的能力、物质和社会资源层面的资产以及最终从事的活动；生计能抗压和恢复，能长期维持和增加资产，同时又不会对自然资源造成破坏
资源安全	苏明明（2014）	可持续生计研究的是旅游者旅游需求满足的同时，不损坏当地现存自然资源和未来利用资源的平等机会，以人为中心，关注社区生计安全以及社区文化资源，强调社区生计构成的多样性
	陈胜东（2016）	生计的可持续性包括工作时间，减少贫困，幸福感和能力，适应性、脆弱性和恢复力，自然资源五个方面
生计的稳定性	潘国臣（2016）	一种谋生方式需要能力、资产的支持和依附于某生产经营活动；人民需要的是稳定且可持续的生计
脱贫功能	陈超群（2018）	乡村旅游是脱贫居民实现可持续生计的一个重要途径与方法，其生计来源项目包括家庭收入、城市打工、务农、受雇于当地乡村旅游业、乡村旅游相关商贸业

资料来源：根据上述文献综合整理。

20 世纪八九十年代，以阿马蒂亚·森为代表的福利经济学家对贫困问题的研究促进了可持续生计（sustainable livelihoods）思想的发展。通过对旅游社区可持续发展能力与可持续生计概念对比发现，“生计”是一个比“发展”更具体的概念，更容易讨论、观察、描述甚至量化。表 2－8 提到的概念是从旅游社区参与角度定义，是宏观层面，关注居民和社区发展的社会属性，而表 2－9 总结概念的经济属性，是微观层面，是从居民视角出发的。

2.3.2 自我可持续发展相关理论与政策

旅游社区是为旅游者提供观光或者住宿、餐饮等活动的功能区域，其不仅是范围明确的物理空间，也是旅游主客互动的社会文化空间。但这个空间是大的旅游系统的单元之一。对于社区发展而言，旅游社区自我可持续发展能力的建设实际上是在宏观的产业发展和社会经济发展体系下，尤其会受到相关理论和政策的影响。因此，本书进一步梳理了乡村与旅游以及旅游与扶贫的相关理论及政策，以便廓清旅游社区自我可持续发展能力的外围发展趋势和政策环境。

（1）乡村与旅游

自20世纪中期以来，乡村发展包括3个主要思想体系，即人口与技术模型、政治经济学理论和农业发展（Tao et al.，2009）。20世纪50年代，国外乡村旅游研究的重点在于强调现代化，并逐渐关注到旅游业发展对乡村旅游的贡献。随着旅游业的进一步发展，Jafari等学者也关注到旅游业不仅对经济发展和收入再分配产生正面效应，也可能带来环境破坏等负面效应。到20世纪80年代，可持续生计（Sustainable Livelihoods，SL）和可持续生计方法（Sustainable Livelihoods Approach，SLA）被用于解决农村贫困问题，强调整体思考减贫与农村发展。20世纪90年代，旅游在乡村中也被强调作为整个系统的一部分。乡村发展与旅游发展的相关理论演变如表2-10所示。

表2-10 乡村发展与旅游发展的相关理论演变

	现代化	依赖理论	替代发展	可持续发展	
	20世纪50年代	20世纪60年代	20世纪70年代	20世纪80年代	20世纪90年代
乡村发展	以技术为中心（Frank，2000）；农业技术是农业生产力的主要推动力（Caldwell，1986）	政治经济学理论未能强调农业及其依赖农业生存的农户多样化问题（Frank，2000）	农业发展理论对小农农业的重视在提高农业生产率方面非常成功(Frank，2000)	可持续生计概念（SL），以人为本；综合的农村发展思想与社会不平等和收入分配不均衡现象之间的冲突较为明显(Caldwell，1986)	

续表

	现代化	依赖理论	替代发展	可持续发展	
	20 世纪 50 年代	20 世纪 60 年代	20 世纪 70 年代	20 世纪 80 年代	20 世纪 90 年代
旅游发展	“无过错”旅游业(Jafari，1990)；将外汇收入和乘数等作为典型指标（Sharpley，2009）	发现旅游业负面前景，即旅游的季节性、非熟练技术性及对环境的破坏（Jafari，1990）		开发大众旅游的替代品，出现生态旅游、乡村旅游和绿色旅游等热潮，以应对旅游负面影响(Shen et al.，2008)	以知识为基础强调旅游作为一个系统的整体思维（Shen et al.，2008）

资料来源：根据上述文献综合整理。

随着“城市病”的不断暴露，大量城镇人口在农村购买了“第二居所”，在节日与双休日期间，乡村旅游成为一种普遍现象。在20世纪90年代后我国大力发展国内旅游拉动内需的政策鼓励下，乡村旅游得以迅速发展。由于乡村旅游对农村经济的贡献不仅表现在增加了当地经济收入和创造了就业机会，还表现在为当地传统经济注入新活力，因此，乡村旅游作为发展抓手得到了各方面的重视。20 世纪 90 年代，提出到乡村旅游，其政策内容和对象等均是依附于国土资源、文化与文物、农业与农产品、环境保护等其他行业的相关政策，对乡村旅游发展只是从理念上进行指引。2004 年，中共中央、国务院出台一号文件《关于促进农民增加收入若干政策的意见》，将“三农”问题提到了国家战略高度，乡村旅游迎来了前所未有的发展契机。此后数年中央一号文件均关注“三农”问题。2007—2010 年连续四年的中央“一号文件”均聚焦乡村旅游，对乡村旅游的定位、功能、产品做了比较详尽的阐述，明确了乡村旅游作为乡村第三产业的性质以及发展乡村经济的目标，充分说明乡村旅游对调整农业结构、改善农村人居环境、提高非农收入具有重要促进作用；2009 年的《全国乡村旅游发展纲要》从乡村旅游的发展原则、工程建设、保障措施等方面提出了明确的战略规划。政策开始从宏观引导逐步向微观指导转变。2015 年的《中共中央 国务院关于打赢脱贫攻坚战的决定》和 2019 年的《国务院关于促进乡村产业振兴的指导意见》两个标志性文件进一步将乡村旅游的发展提升到全面发展和社区持续发展的高度。农业农村部部长韩长赋按照党的十九届五中全会部署，指出“十四五”期间中国农业农村发展要着重做好三件大事：第一，巩固拓展脱贫攻坚成果，继续全面推进乡村振兴；第二，提高农业质量、效益和竞争力，加快推进农业现代化；第三，实施乡村建设行动，不断推进农村现代化。其中，乡村旅游将不断为社区发展和物质精神共富方面做出贡献。我国乡村旅游发展的相关政策如表 2－11 所示。

表 2－11　我国乡村旅游发展的相关政策

不同阶段		主要政策/事件导向	主要目标导向
政策萌芽阶段 （1989—2000 年）		①1989 年中国乡村旅游协会成立 ②1998 年推出“华夏城乡游”	扩大国内市场需求
政策起步阶段 （2001—2005 年）		①《农业旅游发展指导规范》（2001） ②《全国农业旅游示范点、工业旅游示范点检查标准（试行）》（2002） ③“民间艺术游”（2003） ④《关于促进农民增加收入若干政策的意见》（2004）	引导开展农业旅游，提高农民收入
政策发力阶段	“十一五”时期 （2006—2010 年）	①《关于促进农村旅游发展的指导意见》（2006） ②中央“一号文件”（2007—2010） ③《全国乡村旅游发展纲要》（2009）	发展乡村旅游，引导城市居民前往乡村旅游
	“十二五”时期 （2011—2015 年）	①“三农”相关领域的“十二五”（2011—2012） ②中央“一号文件”（2012，2013，2015） ③《国务院办公厅关于改善农村人居环境的指导意见》（2014） ④《国务院关于促进旅游业改革发展的若干意见》（2014） ⑤《国务院办公厅关于推进农村一二三产业融合发展的指导意见》（2015） ⑥《中共中央 国务院关于打赢脱贫攻坚战的决定》（2015）	以旅游产业为抓手，提高农民收入，减轻贫困，同时改善农村人居环境，保护传统村落和农业文化

续表

不同阶段		主要政策/事件导向	主要目标导向
政策发力阶段	“十三五”时期（2016—2020年）	①中央“一号文件”（2016—2018） ②《关于大力发展休闲农业的指导意见》（2016） ③《贫困地区发展特色产业促进精准脱贫指导意见》（2016） ④《促进乡村旅游发展提质升级行动方案》（2017，2018—2020） ⑤《关于促进乡村旅游可持续发展的指导意见》（2018） ⑥《国务院关于促进乡村产业振兴的指导意见》（2019） ⑦《关于用好货币政策工具做好中小微文化和旅游企业帮扶工作的通知》（2020）	乡村的经济、社会和生态综合发展目标，强调多元发展目标和持续发展
	“十四五”时期（2021年至今）	①中央“一号文件”（2021—2023） ②《“十四五”推进农业农村现代化规划》（2021） ③财政部 农业农村部发布2022年重点强农惠农政策（2022）	优先发展农业农村，全面推进乡村振兴，加快农业农村现代化

资料来源：根据上述资料综合整理。

（2）旅游与扶贫

旅游与扶贫发展政策经历了从“涓滴理论”到有利于穷人的旅游业（PPT）再到可持续旅游——消除贫困（ST－EP）计划的不同阶段。较高的经济增长率显然是减除贫困的必要条件。然而，相关研究同样指出，经济增长本身并不必然导致贫困的减除，增长的模式及源泉，以及这种增长成果的分配方式同样十分重要。这些研究特别强调经济增长能否提高就业参与率、劳动者尤其是低收入阶层的收入能否提高、劳动者及其家庭成员人力资本能否持续形成以及其生产率能否提高。尤其是20世纪90年代后期“对穷人友善的增长”（pro－poor growth）逐步取代了“基础广泛的增长”（broad－based growth），并强调其中应包含以下三种情况中的至少一种：①穷人在增加的收入中所得比例高于其现有收入份额；②穷人在增加的收入中所得的比例高于其人口比例；③穷人在增加的收入中所得的比例高于某种国际标准；关于“对穷人友善的增长”的各种定义大多涉及这些标准，尤其是第一条、第二条标准。进入21世纪中期，更强调包容性增长(inclusive growth)，寻求的应是社会和经济协调发展、可持续发展，提倡更多的参与权利。包容性增长也包括无形的因素、观念和“感情”。其关键词是“希望”和“参与”，使社会上尽可能广泛的人群有共同的愿望，与社区发展理念有相同之处。旅游与扶贫理念演化如表2－12所示。

表2－12　旅游与扶贫理念演化

<table>
<tr><th>时间</th><th>发展政策</th><th>特征</th><th>对象</th><th>旅游与扶贫类型</th></tr>
<tr><td>20世纪50—60年代</td><td>涓滴效应（trick-ledown effect）</td><td>存在时间差，早期增长造成不平等，但收入增长是转折点（Aghion et al.，1997）</td><td>社会各个阶层</td><td rowspan="2">旅游项目不是以贫困为导向，但穷人将通过“涓滴”过程从旅游中获益（Ashley et al.，2002）
20世纪60年代，发展中国家开始旅游业的扶贫开发（Butler et al.，2013）</td></tr>
<tr><td>20世纪80年代</td><td>增长的再分配</td><td>自由市场是经济增长和发展的推动力；旅游业是发展中国家摆脱贫困的绝佳途径（Bakker et al.，2017）</td><td>穷人，特别是小规模农业的穷人（Lekachman et al.，1976）</td></tr>
<tr><td>1990年</td><td>基础广泛的增长（broad－based growth）</td><td>强调增加的劳动密集度、区域及分配效应或部门模式。增长情况随着贫穷的减少而减少（但差距不断扩大），但却不具包容性（Ali et al.，2007）</td><td>穷人，扶贫性增长只关注贫困线以下的人（Bak-ker et al.，2017）</td><td rowspan="2">扶贫旅游（PPT）、可持续生计（SL）以旅游为中心且目标狭隘</td></tr>
<tr><td>20世纪90年代末</td><td>扶贫增长（pro－poor growth）</td><td>对穷人友善的增长，关注增长、贫困和不平等三者关系（Grootae-rt et al.，2000）</td><td>穷人，提倡对穷人友善的增长</td></tr>
</table>

续表

时间	发展政策	特征	对象	旅游与扶贫类型
21 世纪 20 年代中期	包容性增长（inclusive growth）	从衡量减贫的进展转向通过创造就业和创业等机制使更多的人参与经济发展（Bakker et al.，2017）	所有人，包括穷人、贫困者、中等收入群体，甚至富人。极端情况下，人们可能会争辩说，包容性增长必须惠及每一个人（Biswas et al.，2016）	可持续旅游——消除贫困（ST－EP）建立综合框架，整体研究

资料来源：根据上述文献综合整理。

从经济角度分析，社区的自我发展经历了四个时代，分别是：第一，新奥地利学派的理论模型使用自身能力（viability）；第二，20 世纪 80 年代新古典经济增长理论分支提出内生增长能力（the theory of endogenous growth）；第三，1972 年联合国人类环境研讨会提出可持续发展能力（sustainable development）；第四，21 世纪盛行自我发展能力（self－development ability）。随着这四个阶段经济理论的发展，旅游减贫相关理论也发生了演变，包括以下四个类型：①（新）自由主义（Liberal/neo－liberal），穷人通过旅游获得利益，但是联合国世界旅游组织前可持续发展主任尤尼斯认为旅游业不会自动解决贫困问题，也没有确凿证据支持这种涓滴观点（Ashley et al.，2007）；②批判主义（Critical），旅游、农业等对外来资本和技术的依赖，产生收益上的漏损，发现旅游存在负面效应；③替代性发展（Alternative development），关注旅游产生的负面影响，发展替代性旅游，如基于社区的旅游、负责任的旅游、乡村旅游、生态旅游，社区参与到旅游发展中；④后结构主义（Post－structuralism），关注点从经济利益到环境和文化保护，再到贫困重点的重大转变，旅游业与整个社会经济发展密切相关，而非孤立产业。社区自我发展经历的四个时代如表 2－13 所示。

表 2-13　社区自我发展的四个时代

	自身能力（viability）	内生增长能力（the theory of endogenous growth）	可持续发展能力（sustainable development）	自我发展能力（self-development ability）
来源	20 世纪 70 年代，新奥地利学派的理论模型使用自身能力	20 世纪 80 年代，新古典经济增长理论分支提出内生增长能力	1972 年联合国人类环境研讨会提出可持续发展能力	21 世纪盛行自我发展能力
定义	在一个开放、竞争的市场中，只要保持正常的管理，企业依靠自身就能获得正常利润率（市场可接受的范围）（林毅夫，2002）	在物质资本积累过程中，研究与开发、发明、创新等活动推动了技术进步、内生化技术进步，会促进要素收益递增（安体富等，1998）	可持续发展能力是人类在健康和富有生机的环境方面的权利。会议后，各国/地区提出的概念包括国际、区域、地方及特定界定的多个层面（曾德付等，2011）	一个国家或地区经济系统内部的经济效益和地区积累能力 自我发展能力的经济学含义包括要素凝聚、资源组合、科技进步、制度创新及科学决策能力，因此可持续发展与自我发展能力在这里是统一的
局限	林毅夫的自生能力论是基于新古典主义的要素配置，不能很好地解释自生能力如何促进技术创新、产业升级等问题（朱凯等，2012）	经济制度和个人偏好属于外生范围，因而不适用于说明经济制度或个人偏好的变化对生产技术和经济增长的重要影响（吴易风等，2000）	1999 年，中国科学院可持续发展战略研究组建立可持续发展指标体系并于 2006 年进行完善，包括资源禀赋、经济发展、生态环境、智力支持、社会进步 5 大系统	自身条件好坏影响外部经济帮助的获得；如果自身经济过度依靠外部扶持，就会增加其风险性和不确定性

资料来源：根据上述文献综合整理。

自精准扶贫战略实施以来，发展旅游为核心的特色产业一直是各级政府部门落实产业扶贫措施的重要选择。国家层面陆续发布的系列文件、出台的多项措施进一步推进了社区的自我发展，实现脱贫致富以及促进脱贫人口持续增收。我国旅游扶贫的相关政策如表 2-14 所示。

表 2-14　我国旅游扶贫的相关政策

时间	文件名/文号	主要内容
2011 年 5 月	《中国农村扶贫开发纲要（2011—2020 年）》（中发〔2011〕10 号）	明确了集中连片区、贫困县和贫困村是未来的主战场，首次提出充分发挥贫困地区生态环境和自然资源优势，大力推进旅游扶贫

续表

时间	文件名/文号	主要内容
2013 年 12 月	《关于创新机制扎实推进农村扶贫开发工作的意见》（中办发〔2013〕25 号）	明确了“加强贫困地区旅游资源调查，围绕美丽乡村建设，依托贫困地区优势旅游资源，发挥精品景区的辐射作用，带动农户脱贫致富”
2014 年 8 月	《国务院关于促进旅游业改革发展的若干意见》（国发〔2014〕31 号）	大力发展乡村旅游，加强乡村旅游精准扶贫，扎实推进乡村旅游富民工程，带动贫困地区脱贫致富
2015 年 8 月	《国务院办公厅关于进一步促进旅游投资和消费的若干意见》（国办发〔2015〕62 号）	推进乡村旅游扶贫，到 2020 年，全国每年通过乡村旅游带动 200 万农村贫困人口脱贫致富，扶持 6000 个旅游扶贫重点村开展乡村旅游，实现每个重点村乡村旅游年经营收入达到 100 万元
2015 年 11 月	《中共中央 国务院关于打赢脱贫攻坚战的决定》（中发〔2015〕34 号）	发展特色产业脱贫，依托贫困地区特有的自然、人文资源，深入实施乡村旅游扶贫工程
2015 年 11 月	《关于加大脱贫攻坚力度支持革命老区开发建设的指导意见》（中办发〔2015〕64 号）	以贫困老区为重点，更加注重改革创新、更加注重统筹协调、更加注重生态文明建设、更加注重开发开放、更加注重共建共享发展，进一步加大扶持力度，实施精准扶贫、精准脱贫，着力破解区域发展瓶颈制约，着力解决民生领域突出困难和问题，着力增强自我发展能力，着力提升对内对外开放水平。到 2020 年，老区基础设施建设取得积极进展，特色优势产业发展壮大
2016 年 11 月	《“十三五”脱贫攻坚规划》（国发〔2016〕64 号）	将“旅游扶贫”列为产业发展的重要手段，提出了“旅游基础设施提升工程”“乡村旅游产品建设工程”“森林旅游扶贫工程”“乡村旅游后备箱工程”“乡村旅游扶贫培训宣传工程”“休闲农业和乡村旅游提升工程”六大旅游扶贫工程
2016 年 12 月	《“十三五”旅游业发展规划》（国发〔2016〕70 号）	实施乡村旅游扶贫工程，开展旅游扶贫公益行动，电商行动，万企、万村帮扶行动，实施金融支持旅游扶贫行动、旅游扶贫带头人培训行动等，启动旅游扶贫观测点计划

资料来源：根据上述资料综合整理。

我国学者也关注到旅游扶贫，并总结出政府主导模式、农旅结合模式、社区参与模式、自主经营模式、景区带动模式等不同的模式，在案例和效应方面也有一定的积累。从研究方法看，对旅游扶贫研究一方面采用传统的问卷和访谈方法，另一方面还是从宏观旅游产业影响入手，例如，针对旅游业有“多大”，即产业规模与边界的研究采用投入产出分析法和旅游卫星账户（TSA）；针对旅游业影响的途径，采用回归分析、社会核算矩阵（SAM）、可计算一般均衡模型；针对旅游业对本地贫困人口与行业联动，采用产业链分析法和宏观市场预测等方法。总体上，目前旅游扶贫研究更多关注到旅游产业的影响，而非对贫困人口与社区发展的关注。我国旅游扶贫效应的典型案例研究如表2－15所示。

表2－15　我国旅游扶贫效应的典型案例研究

研究者（年份）	案例地	旅游扶贫效应
隆学文等（2004）	河北丰宁大滩	收入增加、产业优化，观念更新，也带来环境问题
张伟等（2005）	安徽铜锣寨风景区周边社区	旅游为贫困人口提供收入机会和发展机会
冯万荣等（2007）	云南傣族园	收入提升、就业机会、收益与参与旅游程度及方式密切相关
李佳等（2009）	青海三江源	居民参与意向、参与能力、参与机会对其旅游扶贫效应感知、态度有显著差异
马创（2010）	云南普者黑景区仙人洞村	提供大量就业机会，收入上升，入学率上升，文化自觉性增强，同时对环境破坏较大，扶贫差距加大
冯旭芳等（2011）	山西锡崖沟景区	家庭生活水平改善明显，部分村民认为只能获得少量短期利益且会逐渐减少
向延平（2012）	湖南武陵源	居民收入提高
包军军（2015）	甘肃黄河石林	居民收入提高，获得就业机会，拓宽农产品销路
桂拉旦等（2016）	广东林寨古村落	实现了本地文化资源与旅游要素的深度融合，全面提升了乡村扶贫的经济、社会、文化等效应
周细平（2022）	湖南花垣县十八洞村	给当地社会经济发展带来了新的机遇，但也对民族文化和社会关系产生一定的影响
朱芳雨等（2023）	甘南州碌曲县尕秀村	能够有效促进新农村建设、促进乡村振兴发展

2.3.3　社区可持续发展能力的指标体系

可持续发展指标体系的构建是可持续发展研究的重要组成部分，尤其是在我国的可持续发展研究中更贴近于对具体实践的指导和理论的应用，因此，很多学者关注到可持续发展指标的构建。最先引入可持续发展研究的牛文元（1994）认为，可持续发展能力由生存支持系统、发展支持系统、环境支持系统、社会支持系统和智力支持系统 5 部分构成。王海燕（1996）从资本角度，将可持续发展能力分解为 4 种资本，即自然资本、生产资本、人力资本和社会资本。不同的学者根据不同的研究对象和特性对可持续发展能力进行了构建，一种思路是从系统的社会、经济和环境三方面入手，另一种思路主要从发展能力、持续能力和保障能力方面入手。社区的可持续发展能力也需要借鉴上述可持续发展能力的构建思路。我国可持续发展能力构成的主要观点如表 2－16 所示。

表 2－16　我国可持续发展能力构成的主要观点

作者	发文时间	主要观点
牛文元	1994 年	将可持续发展能力划分为生存支持系统、发展支持系统、环境支持系统、社会支持系统和智力支持系统 5 部分
王海燕	1996 年	将可持续发展能力分解为四个基本方面，即自然资本、生产资本、人力资本和社会资本
方创琳	2001 年	采用熵技术支持下的层次分析模型和多层次多目标模糊综合测度模型可算出河西地区的可持续发展能力，进而总结出可持续发展能力的地域分异规律
刘力等	2002 年	从生存空间与环境质量、基础设施与科教文化、经济实力和工业经济效益、生态质量与社会安全保障四个方面构建指标
张宏军等	2005 年	从经济、社会和资源环境三个方面构建了区域可持续发展能力评价指标体系，采用层次分析法进行分析
石培基等	2008 年	可持续发展能力由经济、社会和资源环境的可持续发展构成
任桂镇等	2008 年	从区域发展水平、区域发展效率、区域发展潜力、区域发展开发度、区域发展协调度和区域发展均衡度六个方面构建了区域可持续发展能力指标体系
周炳中等	2008 年	从港口生产能力、经济发展能力、资源环境能力、智力支持能力和社会协调性五个方面构建港口城市可持续发展能力评价指标体系
崔强等	2012 年	从经营能力、社会效益、资源利用和环境影响四个方面构建了空港可持续发展能力评价体系
张秦	2013 年	将可持续发展能力分解为支撑能力、发展能力、协调能力、持续能力，区域可持续发展能力的各能力子系统代表不同的内涵与维度，并且通过彼此间相互联系、相互作用，共同推进整个能力系统的演化发展

续表

作者	发文时间	主要观点
孙莉英等	2013 年	利用系统发展度、系统协调度和系统持续度三个准则构建了中国县（市）可持续发展能力评价指标体系

资料来源：根据上述文献综合整理。

社区作为一个空间和组织单元，具有自己的特殊性。从已有研究来看，不同的学者从不同层面对社区的可持续发展能力进行了相关探索。Sawicki 等（1996）认为社区指标是地方领导者对城市指标保持着强烈兴趣的自然产物。同时，建立指标体系有利于进一步对旅游社区类别进行客观评价，以遏制对相关概念的盗用与泛用。在旅游业中，已经开发了许多指标并在文献中以多种方式使用。例如，旅游金融条件指标（Tourism Financial Conditions Index，TFCI）专注于与旅游业相关的经济活动，并提供“预测当前旅游股票指标收益的经济和金融环境”的见解（Chang et al.，2014）；旅游气候指标（Tourism Climate Index，TCI）是一个综合指标，捕捉与一般旅游活动最相关的气候因素，并在世界各地广泛使用（Yan et al.，2015）；由世界经济论坛（World Economic Forum，WEF）制作的旅行和旅游竞争力指标（Travel and Tourism Competitiveness Index，TTCI），意在提供一个全面的战略工具，用于衡量使其对发展旅行和旅游部门具有吸引力的因素和政策（Giampiccoli et al.，2016）。

Chaskin（2001）认为社区能力是人力资本、组织资源和社会资本之间相互作用的结果，其可以用于解决集体问题，维持或改善社区的福祉。Easterling 等将社区能力定义为：个体居民或集体为提高社区生活质量所提供的一整套物质或人力资源。Director（2006）则认为社区能力是一种过程，它能够生产出改善社区生活的资产或属性。由此看来，学者对社区能力理解的视角可分为，资源导向和过程导向：资源导向视角是将其视为社区内部拥有的资源、技术等；过程导向则将其视为用以解决共同问题或满足共同需求的集体行动。显然，社区能力是广泛且不明确的，过程导向的社区能力类似于社区能力建设。Beckley 等将社区能力分为四个维度，即结构要素、催化要素、互动要素、结果要素（Mattessich et al.，1997）。Labonte 和 Laverack（2004）认为社区能力包括多元维度，即利益相关者参与社区的能力、评估问题的能力、培育社区领袖的能力、组织结构的能力、调动资源的能力、与其他组织和居民建立关系的能力、批判性自省能力、战略管理能力及外部机构的角色。

还有一些学者进一步针对社区的发展提出了具体的发展能力指标。Kulig 等（2013）认为社区感知恢复力指数（Index of Perceived Community Resiliency，IPCR）包含领导力及赋权、社区参与、负面地理环境特征感知 3 个维度。Holladay 等（2013）认为社区经济、社会、管理和环境因素的有机耦合推动了社区的可持续发展，基于此提出的社区恢复力量表（Community Resilience Scale，CRS）包含经济恢复力、社会恢复力、制度恢复力和生态恢复力 4 个维度。李亚娟（2018）认为，自然因素、发展模式、生计选择、经济资本、地方依恋、社会资本和管理体制等 13 个因素成为社区旅游脆弱性和恢复力的主要影响因素。在对旅游社区可持续发展能力相关文献进行研究时发现，学者多以旅游社区恢复力框架为主，认为社区恢复力是社区可持续发展的重要基础。旅游社区可持续发展能力的相关研究如表 2 – 17 所示。

表 2 – 17　旅游社区可持续发展能力的相关研究

指标类型	作者（年份）	案例	观点
特定的旅游形式	Aleksandra 等（2011）	探险旅游发展指数（Adventure Tourism Development Index，ATDI）	提出环境和文化可持续的冒险旅游政策和规划，以造福国家和地方经济
城市新区	谢晶晶等（2017）	合肥滨湖新区	基于社区居民感知，对旅游城镇化发展进行研究。旅游城镇化社会感知项包括 7 个指标，分别是改善居民居住条件、提高居民生活水平、导致当地物价上涨、改善娱乐设施活动、改善生活服务设施、促进文化交流、改善教育条件
道路指标	孙九霞（2017）	川藏公路和鲁朗社区	分析道路变迁对沿线地方社区产生的影响，认为道路推动藏族社区的“旅游中心化”，即弱化社区的边缘性；对于少数民族地区，川藏公路彰显了“国土意识”和“国家意识”

续表

指标类型	作者（年份）	案例	观点
特殊建筑	凌欢等（2017）	福建省龙岩市永定区土楼建筑	对旅游社区营造进行分析，包括文化吸引（建筑文化与客家文化）、地方吸引（地方偏好）、景观吸引（自然景观、乡村景观和全景）、产品吸引（住宿、特产和美食）
社区综合教育	申仲义等（2017）	甘孜藏族自治州全域旅游	发展社区教育包括继承整个社区传统文化遗产、设立旅游教育培训机构
居民心理	李乐京（2017）	村寨社区居民	社区居民在旅游社区自我可持续发展中影响指标包括个人资源（有形资产、信息把握能力、人际关系）、个人能力（身体素质、民族技艺）、个体性格（主动学习、与他人合作等积极态度；墨守成规、依赖性强等消极态度）

资料来源：根据上述文献综合整理。

影响旅游社区发展的直接因素是本地居民对其的感知和态度。社区教育和居民心理有相似指标，最终目标是提高社区成员的综合素质，特别是对少数民族地区来说，有利于实现脱贫攻坚、改善民生。首先，让社区居民意识到自己有权在旅游开发中获得利益，提高社区居民的能力和参与积极性。其次，改善居民居住条件，当社区有独特建筑时，社区发展要考虑到建筑相关指标。在设立三级指标中可以加入道路（古道或现代道路）指标，即道路附近旅游餐馆/旅馆数量、道路的观赏价值、不同级别道路带来的游客数量/游客停留时长等。最后，发展旅游时，不同类型旅游的选择值得深思。ADTI 是为了促进可持续探险旅游而开发的，它向企业家和政府展示了冒险旅游可以提供的产品和服务，并为社区发展提供支持。

2.4 旅游影响下社区自我可持续发展能力特殊性

2.4.1 社区与旅游社区衡量指标存在差别

Khushk 等（2016）对巴基斯坦信德省省作物最大化项目（CMP II）中的社区增权活动评估时是基于能力建设、自尊和自我效能感的授权水平进行的。分析测量能力建设，发现受访者的能力是由于他们参与作物最大化项目的结果；自尊水平有所提高，受访者对自己的活动充满信心；自我效能增加，由于受访者参与项目，他们有信心处理生活中出现的问题。作物最大化等项目不仅赋予个人权利，而且也引导他们向整个社区赋权。Noori 等（2013）以伊朗克尔曼沙地省为例，探讨乡村旅游发展对该地区可持续发展的影响，发现可持续发展成功的 5 个重要先决条件：①对教育的态度；②优先于人；③法律对个人权益的保护；④自力更生的可持续性；⑤行政人员的才能和承诺及其延续。从个案的比较中我们可以看出，它们的共同之处在于：赋予社区权力、关注平等。社区和旅游社区二者之间存在着差异，前者是为了解决居民的生存需要而建立的。而在构建旅游社区时，要充分考虑到游客和本地人在有限的空间内利用资源，要注意防止过度迁徙，保持自然资源、生态平衡，保持传统模式和村落文化特色。

此外，由于人们普遍认为旅游社区通常与处于不利地位的社会经济背景有关，因此要考虑利益相关者尤其是参与旅游社区成员对该指标体系的理解程度。这是旅游社区的企业或项目中充分参与社区的另一种方式，因为旅游社区成员对社区具有控制权。因此，简洁是指标的特色之一。

2.4.2 居民态度对旅游社区双重影响

从总体上讲，政府与私人对旅游规划的参与，主要包括 4 个层面：产品开发、基础设施、市场营销和人力资源能力。Baum 等（2018）将可持续指标分为可持续就业能力（SEC）、服务提供能力（SDC）和服务质量能力（SQC）3 种。Eusébio 等（2018）以岛屿旅游目的地佛得角博阿维斯塔岛为研究对象，研究了主体—客体交互作用、正负两种认知效应，认为主客体互动以及感知的旅游积极和消极影响对居民对于旅游业发展态度有直接和间接影响。主客体旅游互动成为居民对旅游业发展态度的最强（直接和间接）决定因素。因此，居民的态度在可持续发展和可持续社区建设中发挥了核心作用。

2.4.3 旅游扶贫的局限性

第一，旅游扶贫的一个挑战是由这个词本身的性质造成的。一种现象是，贫穷和扶贫可能被贴上有特定价值的标签，并造成污名化。这些术语也很难界定，因为贫穷已经不仅仅是一个经济概念，而且现在是多维和多学科的。另一种现象是，社区居民自身想法的局限，只关注现今政府发放的经济补助数额，不愿辛勤劳作或提升自身能力，没有长远打算。

第二，旅游扶贫的重点有限。因为旅游扶贫在很大程度上局限于微观层面，往往侧重于以社区为基础的旅游项目，因此无法达到取得重大影响所需的规模；其对市场缺乏关注，虽然在基础设施发展和培训方面做了大量努力，但没有为旅游产品寻找消费者；缺乏记录和监测变化的机制（刘晖，2001）。

第三，需要考虑生计和旅游业的可持续性问题。在更广泛的发展背景下，需要对旅游生计系统的复杂性和活力进行更广泛的思考。Brako 和 Sebastian（2017）对印度瓦拉纳西（Varanasi）居民的生计进行分析。Tao（2009）对我国台湾山美地区居民生计进行分析。王新歌（2015）以大连金石滩旅游度假区为例，验证了旅游扶贫有利于地方发展。但是，对于众多案例地研究中的当地居民来说，旅游不是维持生计的唯一选择，还有初级的农业、手工业、畜牧业等，以及转型后的工业、服务业等。社区居民在有能力的情况下，一般会分散风险，体现在家庭成员生计活动和类型的多元化。生计的可持续性，是可以在压力打击后恢复、未来不损害资源的同时增加资产。

2.5 小结

第一，“社区”这个词在形态上很简单，但在含义上却很复杂，难以阐述。一定程度上说明社区概念虽然具有普遍性，但是由于具有不同意义，因此成为一个复杂的概念。学者根据研究的切入视角和对象的不同，主要从地域和功能两方面来界定社区概念。

第二，旅游社区是“社区”概念进一步在旅游领域的发展和细化。通过对文献的梳理，已有旅游社区的界定集中在 5 个方面，即旅游资源、旅游目的地功能、政府主体性、旅游综合服务功能、空间区域性。本书认为，旅游社区既具有旅游目的地服务功能，又有本地居民生活基础，旅游业在社区经济中占一定比重，居民、社区组织、政府、企业等利益相关者均参与到旅游发展中，成为关注社区居民福祉的综合体。

第三，从我国旅游社区研究的现状看，国内对于旅游社区的研究总体可以划分为三个阶段：研究起步阶段（1997—2003年）、研究快速发展阶段（2004—2009年）和研究提升阶段（2010—2023年）。旅游社区的研究热点聚焦于社区参与、乡村旅游、生态旅游、旅游扶贫等主题，未来研究将持续关注乡村旅游、旅游发展、旅游影响，关于旅游社区的可持续发展能力和社区自身发展方面的研究较少。

第四，旅游社区自我可持续发展能力建设是实现扶贫和乡村振兴的落脚点。旅游社区是旅游发展的重要环节，并与周边景区发展关系密切。在旅游发展影响下的社区发展路径和模式对于衡量旅游社区自我可持续发展能力有积极作用。国内外学者对社区可持续发展、旅游可持续发展能力的研究翔实，但是对社区这个主体关注有限。国外的社区发展研究主要关注社区的群体和管理制度的建立，但很少有研究考虑到社区旅游中的功能与景区的空间关系，基于此本书提出不同类型旅游社区的可持续发展能力提升途径。

第五，减贫、旅游、可持续发展、社区发展之间存在联系。旅游发展和可持续生计框架在推动社区发展过程中有共同点，减贫和可持续发展是二者的共同目标。图2-5展示了减贫、旅游发展、可持续发展、社区发展之间的关系。

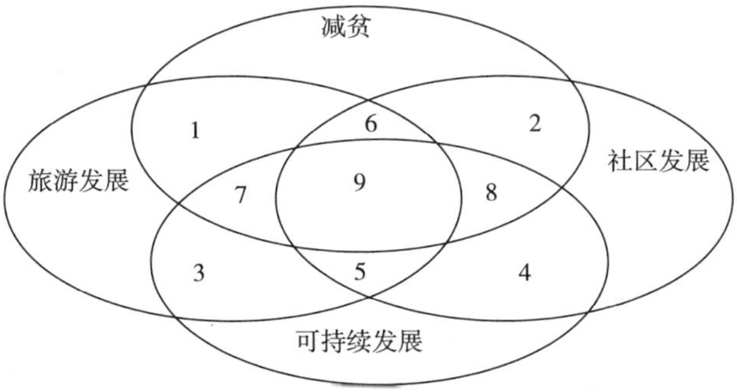

图2-5　减贫、旅游、可持续发展、社区发展之间的关系

注：1为“旅游减贫”，2为“社区减贫”，3为“旅游可持续发展”，4为“社区可持续发展”，5为“旅游社区可持续发展”，6为“旅游社区减贫”，7为“旅游可持续生计”，8为“社区可持续生计”，9为“旅游社区自我可持续发展”。

第六，可持续发展能力与自我发展能力之间存在辩证关系。可持续发展能力在时间维度上强调潜力的延续性，自我发展能力具有内涵性。借鉴两种能力的优点，旅游社区的自我可持续发展能力。这样有利于提升旅游社区抗外部风险能力，有利于社区长久、平稳地发展。

第七，已有研究对不同空间类型景区的特殊性研究不足。已有研究对旅游社区边界趋于淡化。从旅游社区的区位划分，有以少数民族地区、农村地区、偏远地区等个案为例建立指标体系，但对不同社区与景区空间关系关注较少，在此基础上对延伸的社区特性也鲜有研究。

3 研究设计

3.1 旅游社区的区位关系分类

从已有的发展经验来看，区位影响因素在社区旅游开发方面起到至关重要的作用。这也从侧面进一步证实了贾雷德·戴蒙德的《枪炮、病菌与钢铁：人类社会的命运》所揭示的地理环境对于人类社会的发展有着非常重大的影响。保继刚等（2018）指出需要从旅游资源区位角度划分旅游社区，即从旅游社区维度分析旅游资源/景点对周围客源市场的吸引力及相对价值。根据“核心—边缘”理论，社区分为核心社区、中心社区和边缘社区。关键影响因素应包括旅游资源吸引力的高低和景区景点与客源地联系的紧密程度。区位对旅游业的发展具有推动或制约作用。旅游区位条件对旅游社区的发展具有重要的影响。区位已经成为不同时空下开发和优化影响旅游业发展的地域因素。因此，旅游社区的发展中通常会充分考虑其自然地理因素和社会环境因素，综合交通、经济、资源、竞争、文化、认知、品牌、客源等因素，降低相应的成本投入，推动旅游业发展。进一步深入分析上述因素，发现目前关于我国旅游开发路径和游客行为规律的综合分析，旅游社区发展的区位关系最核心的是以景区为空间参考。因为景区决定了核心吸引物的所在，核心吸引物的所在决定了游客空间移动路径和旅游活动的分布范围。尤其较为依赖旅游产业的社区，社区和景区之间的关系至关重要。

进一步以景区为空间参考，从旅游社区具有地理属性的实体角度出发，将旅游社区与景区区位关系分为包含、相交、重合、分离四种空间位置关系。第一种关系——包含关系，存在两种情况，要么景区范围小于社区，如一般的乡村旅游社区；要么景区位于社区内部，如中国台湾九族民俗村，社区成为景区的核心吸引物。第二种关系——相交关系，社区与景区空间范围有相交。第三种关系——重合关系，社区与景区空间范围完全交叠，出现了重合，并共享价值利益、相互影响渗透，如西江千户苗寨发展中难以分割社区和景区。第四种关系——分离关系，可能出现两种情况，要么二者相距甚远难以联动开发，需要交通等物理条件的支持；要么社区的资源吸引力不强，作为景区的辅助性资源发展，如北京司马台村与古北水镇的关系。

摒弃第一种包含关系中两者之间尺度范围过于悬殊的情况，景区和社区本是不同维度的独立系统，随着可持续发展理念的不断深入和人民对美好生活的向往，二者之间产生越来越多的联系。景区发展对社区的人力资本、自然资本、社会资本、金融资本及物质资本等方面产生影响；反之，社区发展的需求同样给景区带来影响。在可持续生计资本的利用方面，景区和社区可以是竞争关系，也可以是合作关系。根据空间区位得出下列三种景社关系类型，如图 3-1 所示。

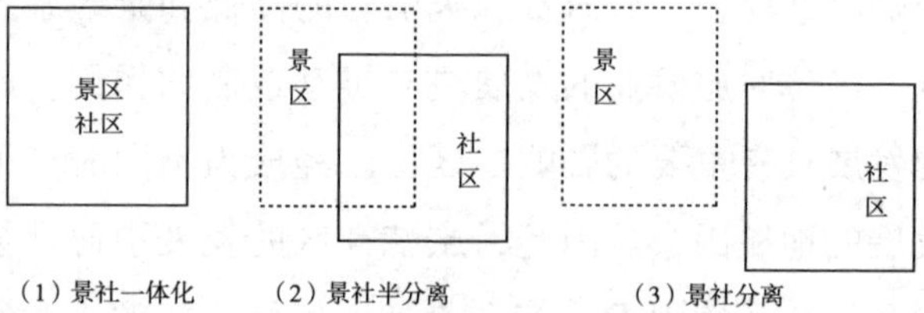

图 3-1　景区社区关系三种类型

注：实线代表居住功能，虚线代表吸引物功能。

具有上述景区社区空间关系的旅游社区在旅游实践发展中较为普遍（见表 3-1），同时在研究中也较为常见。很多研究旅游社区的案例实际上都具有上述类型划分的痕迹。本书进行了进一步归纳，侧面说明本书分类的普适性。

表 3-1 具有景区—社区关系的地点

关系	类型	地区
景社一体化	自然生态	北京什刹海旅游社区（时少华和宁泽群，2014） 成都花香果居景区开展采摘乡村旅游行动（张欣然，2016） 新疆图瓦人居住地与喀纳斯湖景区发展聚集在喀纳斯村、禾木村（童姗，2012；唐高溶等，2017）
	人文	山西平遥古城（张玥，2015） 北京什刹海胡同四合院民居的居住功能和旅游观赏功能并存（李萍等，2017） 山西后沟古村落旅游与社区发展（邵秀英等，2019） 陕西王家坪社区与红色旅游景区联动（张继军和席军良，2019）
景社半分离	自然生态	桂林蝴蝶谷生态旅游景区与当地瑶寨，由索道半隔离二者（王玉翠，2012）
	人文	天津市估衣街、五大道等历史文化街区（王硕，2017） 文化遗产地兵马俑景区与其周边社区（王会战，2018） 丽江束河古镇在村落外围发展古镇旅游（杨福泉，2019）
景社分离	自然生态	宁夏沙湖旅游景区和周边社区（赵多平和张燕，2014） 陕西靖边丹霞地貌景区和周边社区（王益澄等，2017）
	人文	鼓浪屿社区（历史文化街区景区）原住居民搬迁至厦门岛（杨璐，2018） 丽江大研古城的居民迁址新城（杨福泉，2019）

资料来源：根据上述文献综合整理。

3.2 自我可持续发展能力框架

本书关注案例地宏观的社会文化背景、生态环境、旅游发展历程等。收集旅游社区发展模式、利益相关者关系、社区参与程度等信息，需要掌握家庭和居民层面的生计活动、就业状况、家庭收入和支出等，为可持续生计框架（SLA）相关研究提供了可借鉴的案例和资料。通过参考文献资料与实际情况，筛选问卷所需指标，设计3个案例地略有不同的调研问题。对于民族村寨，还需了解其历史记载、传统手工艺传承和文化融合等信息。可持续生计五种核心资产的组成因素如表3-2所示。

表3-2　可持续生计五种核心资产的组成因素

可持续生计五种核心资产类别					作者/案例地
人力资本（H）	社会资本（S）	自然资本（R）	金融资本（F）	物质资本（P）	
①家庭整体劳动能力 ②成年劳动力总量 ③成年劳动力受教育程度	①农户获得技能培训的机会 ②社会网络支持情况 ③社会联结度	①耕地面积 ②耕地亩产值	①收入来源多样性 ②获得信贷机会	①住房情况 ②家庭固定资产 ③旅游经营房屋面积	贺爱琳、杨新军等（2014），秦岭北麓乡村旅游地
①家庭成员劳动能力 ②家庭成年劳动力的受教育程度 ③家庭成年劳动力旅游技能的掌握程度	①家庭成员中有无村委会成员或农民代表 ②社区组织在帮助农户参与旅游中所起的作用 ③农户对社区内其他家庭的信任程度 ④农户对游客的欢迎程度	①物种珍稀濒危性 ②种群结构 ③生境自然性 ④面积适宜性 ⑤景区吸引度	①农户可用于支配的现金与储蓄 ②正规及非正规信贷渠道 ③无偿现金援助	①家庭可用于从事旅游相关生产或经营的房屋面积 ②房屋质量 ③用于从事旅游业的固定资产占有度	王瑾、张玉钧等（2014），河北白洋淀湿地自然保护区王家寨社区
①家庭整体劳动能力 ②家庭成员受教育程度 ③家庭成员职业技能	①亲戚中是否有村干部 ②参与社区组织状况 ③有困难时的求助对象 ④邻里关系	①耕地面积、地块质量 ②林地面积 ③海上养殖场面积	①经营性收入 ②补贴性收入 ③可能筹措到的资金	①住房资本 ②生产资产 ③生活资产	王新歌、席建超（2015），大连金石滩旅游度假区
①家庭劳动力 ②劳动力平均受教育程度 ③子女假期参与旅游状况	①参加社区组织 ②旅游培训状况 ③亲朋在政府机关任职	无	①年现金收入 ②收入来源 ③获得贷款 ④政府补贴	①家庭人均固定住房面积 ②家庭固定资产	阿依古丽艾力、张玉钧等（2015），新疆喀什市旅游社区

续表

可持续生计五种核心资产类别					作者/案例地
人力资本（H）	社会资本（S）	自然资本（R）	金融资本（F）	物质资本（P）	
①子女接受更好更多的教育 ②家庭成员健康状况、返乡经营乡村旅游业的青壮年增加 ③政府及社区提供的专业技能培训机会增多	①与外部社会的联系程度增强 ②旅游经营者社会影响力提高 ③参加社区或者农民等合作组织 ④社区居民联系 ⑤合作更加紧密 ⑥使用网络及社交媒体的村民人数增加	①森林面积增加 ②生物多样性好转 ③用于旅游经营的土地/园地增加 ④立法有管理机制	①家庭收入、储蓄、贷款渠道 ②可获取农业扶持资金及机会增加 ③旅游投资增加	①公共基础设施改善 ②旅游经营设备 ③物资增加 ④乡村知名度和品牌吸引力增加 ⑤乡村通达性提高	崔晓明、陈佳等（2017），秦巴山区安康市
①劳动能力（家庭成员年龄） ②受教育程度	①家中或亲戚中是否有村干部 ②参与社区组织状况（参与频繁） ③邻里关系状况	①耕地面积 ②实际耕地面积 ③耕地质量	①家庭年总收入 ②储蓄状况（家庭储蓄额度） ③资金支持	①住房状况（家庭住房类型） ②生活和生产资本（家庭拥有生产和生活资产的选项数占所有选项的比例）	尚前浪、陈刚等（2018），民族村寨

资料来源：根据上述文献综合整理。

通过对文献资料的收集与整理，本书旅游社区可持续发展能力所采用的核心生计因素如表3-3所示。

表 3-3　旅游社区可持续发展能力核心生计因素

人力资本（H）	社会资本（S）	自然资本（R）	金融资本（F）	物质资本（P）
①普通话/外语学习意愿 ②当地传统文化的继承与发扬 ③参加旅游职业技能培训的意愿 ④旅游相关部门给当地人的培训机会 ⑤当地居民文明素质的变化	①当地居民与外界文化交流的程度 ②当地思想更新和开放的程度 ③外出务工人数的变动 ④社会对当地安全问题的关注	①自然环境的保护和开发 ②当地居民环境保护意识 ③交通和人口过度拥挤、嘈杂程度	①收入来源多样性 ②旅游收入在家庭总收入中所占比例 ③当地居民的就业机会 ④当地居民的贫富差距 ⑤女性群体对经济支配的权利	①生活条件 ②景区周边设施 ③交通通达性 ④交通信息化程度 ⑤用于旅游经营的土地/房屋/园地

资料来源：笔者综合归纳整理。

对贫困概念的理解，目前主要有以下三种：“缺乏说”“排斥说”“能力说”：①英国学者汤森（1979）和奥本海默（1993），世界银行（1980），白人朴（1990），汪三贵（1994），童星、林闽钢（1994），康晓光（1995）等从“缺乏”的角度对贫困进行了界定，他们所关注的是贫困的表象，研究范围从单纯的物质的“缺乏”到无所不包的社会的、精神的、文化的“缺乏”，虽然含义有所不同，但这些“缺乏”都是存在的社会现象。②欧洲共同体委员会（1993）和世界银行（2001）从“社会排斥”的角度对贫困进行了界定，认为贫困是由于贫困者资源有限，以致他们被排除在所在国可以接受的最低限度的生活方式之外。③Sen（1976，1990）和世界银行（1990）从“能力”的角度对贫困进行了界定，认为贫困是一个无法获得某些最低限度需要的能力问题。显然，这三种观点从不同层面探讨了贫困的内涵和致贫的原因。“排斥说”和“能力说”是在“缺乏说”的基础上进一步探寻“缺乏”的深层原因，它们在描述贫困时加入了价值判断和社会评价，并且着重探寻贫困的个人、家庭和群体的致贫原因，“排斥说”比较强调致贫的外在性、客观性和被动性，即贫困是由“被剥夺”或“被排斥”而造成的；而“能力说”比较偏向致贫原因的内在性、主观性和主动性，即贫困是由自身“缺乏能力”而造成的。“能力说”是在探寻“缺乏”的深层原因，它突出了致贫原因的内在性、主观性和主动性，而“排斥说”是“缺乏”的直接结果，即能力低导致资源缺乏从而被社会排斥。

根据反贫困理论，尤其是 Sen 的经典贫困理论，贫困主要是可行能力被剥夺或缺失，而权利是可行能力的基本保障。其最显著的特征是：通过对获得资源和参与决策开展活动的权利再分配，为贫困群体提供最基本的参与和决策权利，从而使贫困群体真正受益。这能很好地解释本书观察到的典型发展成熟景区周边社区贫困的原因。Sen 特别分析了促进发展的五种重要的工具性自由：政治自由、经济条件、社会机会、透明性保护、防护性保护。五种自由能够相互激励和促进，它们之间的关系既相互补充，又相互强化。同时，结合贫困人群的可持续生计框架考虑社区的发展能力，即传统研究的自然资本、金融资本、物质资本、人力资本和社会资本 5 个方面以及针对贫困人群，本书认为必须附加一个部分，即贫困农户的基本需求要素。

从可持续发展的角度来看，仅有生计并不足以解决生计脆弱问题，必须使主体具备相应的生存能力。从可行能力的理论看，生计能力的缺失主要来自资本获取、社会机会和防护性保障等方面。在这个过程中旅游社区即使具有一定的生计资本，但是若出现社会排斥和脆弱性，也难以实现可持续发展。社会排斥的概念起源于 20 世纪六七十年代的法国，最早用于分析福利性社会政策，其注重考察多层次的不利条件使社会的边缘群体（如穷人、老人、单亲、新移民、失业者等）失去维持最低生活标准的能力，被排除在主流社会之外，进而导致贫困的过程。社会排斥概念的提出，使得对贫困概念的界定扩展到社会地位与权利等非经济因素以及基本能力的被剥夺和机会丧失等方面（杨团，2002）。脆弱性分析最早源于灾害学，目前脆弱性最权威的定义是世界银行在 1990 年提出的“个人或家庭面临某些风险的可能，并且由于遭遇风险而导致财富损失或生活质量下降到某一社会公认的水平之下的可能”，脆弱性包括两个方面，即受到的风险和抵御冲击的能力。因此，社区的可持续发展能力是社区以自身的生计基础和外部有利条件为支撑，整合和重构内外部资源，顺应生计环境变化，确保其生计发展的可持续性和发展质量。正如获得诺贝尔经济学奖的阿马蒂亚·森（2011）明确指出：我们不能仅仅关注人均国内生产总值的增长，更要关注人们的可行能力。一个人的“可行能力”（capability）指的是此人有可能实现的、各种可能的功能性活动的组合。因此可行能力是一种自由，是实现各种可能的功能性活动组合的实质自由（或者用日常语言说，就是实现各种不同的生活方式的自由）。基于此，本书将旅游社区自我可持续发展能力分为三个方面的能力内容，即发展生计资本的获取能力、主体增权和就业能力以及风险应对能力（见图3－2）。

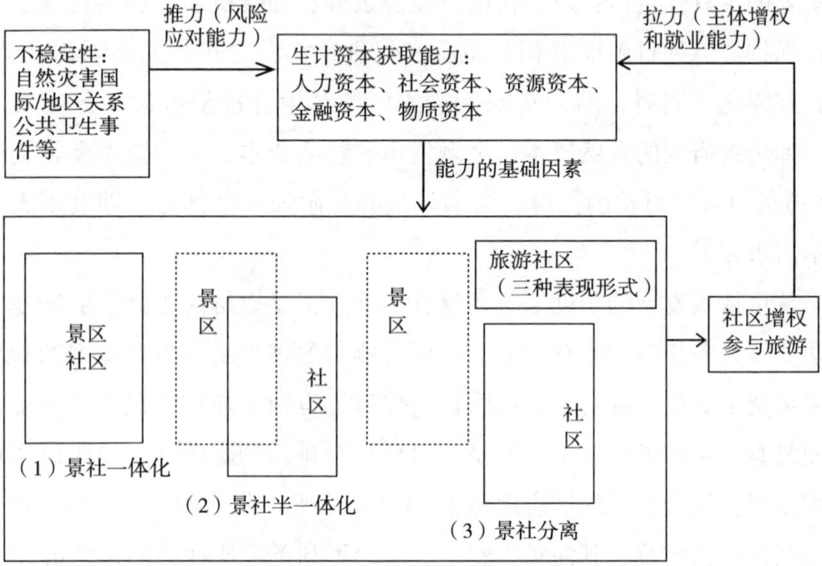

图3－2 旅游社区自我可持续发展能力框架

3.3 研究方法

3.3.1 文献分析法

文献分析法是指通过收集、鉴别、整理某一研究主题的相关文献，并对文献内容进行系统、客观、量化的分析来获取信息，进而形成对事实科学认识的一种研究方法。由于文献，特别是期刊文献本质上是研究活动的载体，所以可以通过对某一技术领域一段时间内所载文献的分析来间接反映该领域的发展状况。文献分析法主要以文献计量、内容分析理论与方法为基础，文献分析的一般过程包括确定对象、文献收集、统计分析、得出结论四个步骤。一般而言，根据需求可以从不同角度进行，如研究方法、研究主题、学科背景等，也可以采用不同的方法，如统计分析、词频分析、引文分析等。此外，分析最好分区间进行，以利于对比发现结论。文献分析法的应用基础主要有两点：第一，相关主题要有大量的文献支持且这些文献可获得，没有足够的文献，收集和分析难以实现；第二，应具有相应的文献分析工具。

本书通过查阅、整理以及分析国内外相关文献资料，全面了解和把握目前的研究现状和可研究的空间，对旅游社区、自我可持续发展能力、社区自我可持续发展能力等核心概念和研究领域进行了深入分析，尤其是对旅游社区应用 CiteSpace 软件进行关键词、发展趋势等方面的系统分析，由此，形成了对旅游社区的发展能力、构成情况以及旅游影响的认识与理解。同时，结合相关地理学、社会学等理论，探寻适合本书的理论基础和研究方法，在此基础上进行研究设计。同时，对案例地部分参考文献进行分析，有利于了解不同区位的旅游社区发展现状及存在的问题，为旅游社区自我可持续发展能力指标选取提供了一定理论支撑。

3.3.2 案例研究法

案例研究是一种解释社会现象的研究方法。每个学者对案例研究的定义都有所不同。阿德尔曼（1997）将案例研究看作一组研究方法的笼统术语，这些方法着眼于一个事件的研究。尼斯贝特（Nisbet，1978）认为案例研究是一种对特殊事件进行系统研究的方法。贝纳德（Bernard，1928）认为案例研究是用来阐明和支持命题和规则的方法，而不是归纳出新的解说。肖（Shaw，1927）进一步认为，案例研究强调总的场景或所有因素的组合，描述事件发生的过程或结果，在大环境背景下对个体行为进行研究与分析并形成假设。研究者对案例研究法究竟是只针对个体的研究，还是能推出普遍性结论有一定争论。Yin（1994）对案例研究法进行了拓展，他认为案例是一种丰富的经验性的描述，由于案例的事件和其背景的界限不清晰，研究者需要从大量的证据和多样的数据源中总结经验，进而发现其潜在规律。显然，案例研究与现实关系密切、紧密结合，它主要通过对情景的深入描述来陈述和解释现实中的现象，用翔实的描述来构建图景。

本书首先根据已经通过文献分析发现的可研究空间（Research Gap）进行相应的研究设计，并遵循一套预先设定的程序、步骤，对旅游社区的自我发展能力进行研究。通过设计周密的研究方案，客观地收集、呈现并分析资料，试图呈现旅游社区在旅游影响下的自我持续发展能力的现状。同时，本书根据不同景区与社区区位关系选择多个案例地进行印证和对比研究，从而使研究结论更具有说服力。

3.3.3 问卷调查与深度访谈法

问卷调查法，即以问卷为工具来收集资料的调查方法，是当前最常用的社会调查方法之一。英国著名社会学家莫泽（Moser，1971）指出：社会调查十有八九是采用问卷方法进行的。风笑天（1994）指出问卷调查法具有如下特征：①问卷调查法在本质上是一种实证的方法，这种实证的特征决定了问卷、随机抽样及统计分析三者之间密不可分的关系。②问卷调查法有着与众多自然科学方法相类似的逻辑程序，因此成功的问卷调查必须以充分的理论分析作为基础，必须有明确的理论框架作为指导。③效率是问卷调查法面临的最大挑战之一，而操作化的水平和质量是决定调查效度的关键因素。④人既是研究主体，又是研究客体的现实，制约和影响着问卷调查的可靠性和适用性。⑤不同的调查内容在一定程度上决定和影响着问卷调查法的适用范围。总的来说，问卷调查法适合于对一种现象或一组整体的情况、性质和特点的描述。但是，因为它受到调查人和被调查人各种信息博弈的情况，以及随机抽样、统计分析的影响，因此，在了解和认识人们行为的动机、人们的思想和感情、人们对现实生活的各种主观感受、人们的各种心理状态等方面，问卷调查法存在着一定的不足之处。显然，要想了解人的内心世界，并了解人与人之间的各种复杂微妙的关系，问卷调查法不如参与观察、案例研究、深度访谈等方法更具可行性和有效性。

本书以可持续发展理论为指导，根据旅游社区自我可持续发展能力框架，进行了相应的问卷设计，设计了相应旅游社区可持续生计和能力的态度量表，深入社区进行问卷调查。此外，为了深入了解旅游社区的可持续发展能力，尤其是了解当地居民对旅游社区可持续生计情况和可持续发展能力的感知，采用半结构式访谈的方法，对旅游社区的居民进行针对性访谈，收集他们对旅游生计资本、社区参与、旅游增权、旅游社区特点与功能、脆弱性的感知，以此进一步深入了解旅游社区的发展情况和居民的内心想法。

3.4 案例选择

3.4.1 案例选择的原则

（1）真实性原则

案例的真实性是案例具备实际运用价值的基础。因此，本书着力选择的案例试图能够客观解释旅游社区的发展以及内部的变化，体现研究的价值，从而归纳总结出旅游社区的发展路径，为其他同类社区提供借鉴和参考。为了解决实际问题和提供实用性建议，因此需要针对研究对象的实际问题和需求，提出切实可行的解决方案。

（2）典型性原则

研究所选取的案例应具有代表性，不可太过极端或脱离常态化。案例资料必须是可信的，同时收集资料应全面系统。只有选取资料可信的案例，才能确保本研究的真实可信，同时也能防止资料失真等问题的发生。所采集的数据要能够全面地体现研究对象的特性，既有定量数据也有定性数据，还有经验资料和被调查者的观点等。在对各案例进行分析与对比时，应注意选择的研究方向与研究方法，以确保研究结果的精确性与可靠性。同时，时空作为旅游社区的发展是个非常重要的控制性变量，因此本研究特别注重时空特性，并将案例的背景、历史、文化及制度等因素加以考量，以求对个案的全面理解与阐释。

（3）可获取性原则

由于本研究涉及旅游社区的发展，需要对旅游社区的历史资料和发展数据进行分析，在案例选择过程中尤其需要考虑案例区数据的可获取性问题，否则无法真实描述案例的实际情况，更难以将案例社区的发展放在宏观旅游辐射、基础设施建设、国家政策和居民发展等相应的语境下进行系统分析。因此，案例选择需要考虑问卷和访谈的可实施性和前期资料的可获取性。

3.4.2 案例地基本情况

遵循真实性原则、典型性原则，兼顾可获取性原则，本书按照景区与社区在地理空间的三种位置关系（相交、分离和重合）选取了三种区位关系比较典型的旅游社区。西江千户苗寨是景区—社区一体化发展方式，该社区同时兼具居住和吸引物的功能；司马台村是“腾笼换鸟”式、景区—社区分离发展方式，该社区的原址具有吸引物功能、现址具有居住功能，两功能分离；古北口村是半景社一体、半景社分离式发展方式（同时也是半城镇户口、半农村户口），该社区的一部分具有旅游吸引物功能、全部具有居住功能。

（1）贵州西江千户苗寨

1）社区现状。西江千户苗寨目前是全球最大的苗族聚居地，位于贵州省黔东南苗族侗族自治州雷山县西江镇，面积约为 50 平方千米，辖内 1432 户、5515 人，且 99.5% 为苗族。西江千户苗寨的民居建筑、饮食着装、生活习俗、宗教礼仪等都体现了苗族浑厚的文化底蕴，成为苗族文化的典型代表。西江千户苗寨距县城雷山 36 千米，距离省会贵阳约 200 千米。西江千户苗寨是一个典型的山区农业村寨，村寨合并后形成东引、羊排、平寨、南贵 4 个行政村，共包括平寨、东引、南贵、养蒿、也通、羊排、也东和欧嘎 8 个自然村。居民依据山形地势建造木质结构吊脚楼，不仅展现了别样的视觉效果，还传承了独特的民族文化。西江千户苗寨有极具特色的节日，如苗年节、吃新节是每年举行一次，牯藏节是每 13 年举办一次。

贵州是一个多民族省份，共有 3 个民族自治州和 11 个民族自治县，下辖 46 个县级行政区，占全省行政区划单位的 53.4%。少数民族自治地方面积占全省总面积的55.5%，有140万以上的少数民族人口，占全省总人口的39.0%。贵州民族地区贫困面广、贫困程度深，36个民族自治地方在全国50个贫困县中占74.0%，其中民族贫困人数超过70%。贵州民族地区的贫困是因为生产生活条件恶劣、基础设施状况差、社会服务水平低、文化素质低、增收门路少、居住分散而导致的“绝对贫困”。西江千户苗寨的旅游带动发展在贵州省和全国都具有典型性和代表性。

2）旅游发展情况。早在1982年，西江千户苗寨就凭借其苗族文化资源优势被贵州省人民政府列为民族风情旅游景点。此后的近30年间，一直处于村民自主经营阶段，直到2008年，贵州省第三届旅游发展大会在西江千户苗寨召开，在政府将其作为“核心力量”的导向下成功逆转。年游客量由2008年的77.73万人增至2017年的750万人。2022年，西江千户苗寨景区接待人数120.28万人次，实现旅游综合收入11.86亿元。

西江千户苗寨带动景区及周边村寨开办农家餐馆200余家、民宿客栈300余家、旅游特色商品销售160余家，特色小吃店170余家，直接和间接带动了当地群众就业2.3万人，其中直接从事景区服务工作的有3000余人。建立寨内群众优先就业机制，景区聘用时优先考虑寨内人员就业，西江旅游公司有805名员工，其中410人来自西江村，占公司员工总数的50%以上。景区设立了民族文化保护基金，从西江景区门票收入中提取18%作为民族文化保护资金，2011年以来户均累计分红超过了10万元，1400余户6000多群众直接受益。在西江千户苗寨，98%以上的村民都吃上了“旅游饭”。西江千户苗寨农村居民可支配收入从2007年的1700元增长到2021年的20300余元。西江千户苗寨被列入全国“景区带村”旅游扶贫示范项目，“乡村旅游+”产业扶贫模式连续两年在贵州省旅发大会上作了经验介绍，“西江模式”被列为“贵州改革开放40年40事”典型案例，雷山县发展乡村旅游助推脱贫攻坚入选世界旅游联盟旅游扶贫优秀案例。西江千户苗寨旅游发展情况如表3-4所示。

表 3－4　西江千户苗寨旅游发展情况

时间	概要	事件
1982 年	前期旅游开发	列为贵州民族风情旅游景点、乙类旅游开发区
2008 年	旅发大会召开	旅游发展大会召开获得政策和项目支持
2009 年	旅游公司经营	成立西江千户苗寨旅游发展有限责任公司
2011 年	游客破百万 国家 4A 级景区	旅游接待人次首破 100 万、被评为国家 AAAA 级景区
2012 年	改革示范点 十大最美村落	被评为贵州省景区管理体制机制改革示范点、中国十大最美村落
2017 年	十佳乡村旅游地 旅游扶贫公司	中国优秀国际十佳乡村旅游目的地、成立旅游扶贫公司带动本社区及周边村寨就业
2022 年	中国景区热度排行第七名 国家级夜间文化和旅游消费集聚区 申报 5A 级旅游景区	《2021 全球自由行报告》发布中国景点热度排名第七、第二批国家级夜间文化和旅游消费集聚区、景区通过国家 5A 级旅游景区质量景观评审

资料来源：根据相关资料和公开报道综合整理。

3）周边旅游发展竞争合作情况。西江千户苗寨与周边苗寨存在竞争与合作关系。雷山县郎德苗寨、南花苗寨及台江县施洞镇施洞苗寨等苗寨与西江千户苗寨在地理位置上距离较近，核心吸引物都是苗寨建筑和各种文化演艺等，与西江千户苗寨形成一定的集聚效应，同时也存在一定的竞争关系。

郎德上寨是较早进行旅游开发的苗寨之一。贵州省第三届旅游发展大会原定地为郎德上寨，因大会需要占用大面积田地，经村寨讨论后拒绝了大会的召开。2008—2010 年，郎德上寨开展道路硬化工程，此时西江千户苗寨发展迅速。2017 年初全村有 216 户、859 人，其中 140 多人外出务工。2016 年中下旬，郎德上寨同意西江千户苗寨旅游开发有限公司进驻，对郎德上寨进行二次旅游开发，对进村道路、旅游接待中心、厕所等基础设施进行修缮，同时公司优先保证社区居民就业。2017 年 5 月，郎德上寨以票价 60 元收取门票。在旅游资源方面，以吊脚楼、蜡染刺绣、银饰工艺和杨大六故居为主。在乡规民约上除了“议榔制”“寨老制”外，仍沿用集体经济时期的“工分制”。根据年龄、角色重要程度发放工分计酬，在此分配模式下郎德上寨旅游发展持续良好。郎德上寨旅游发展情况如表 3－5 所示。

表 3-5 郎德上寨旅游发展情况

时间	概要	事件
1985 年	进行旅游开发	是雷公山地区最早的乡村旅游开发地之一
1993 年	知名度增加	载入《中国百座博物馆志》
1997 年	中国民间艺术之乡	被文化部命名为“中国民间艺术之乡”
2001 年	文保单位	被列为“全国重点文物保护单位”
2002—2004 年	省道修建	因省道施工，旅游可进入性较差影响旅游活动
2006 年	申遗预备名单	被国家文物局列为世界文化遗产预备名单
2008 年	奥运圣火传递	郎德上寨成为世界唯一传递奥运圣火的苗寨
2008—2010 年	公路修缮	通达性受阻，导致旅游人次减少，同时间同质性的西江千户苗寨得到分流客流量
2016 年	企业化经营	西江旅游公司进驻、企业化运作
2017 年	收取门票	2017 年 5 月，发展门票经济，收费标准为 60 元
2022 年	研学旅游	郎德研学基地入驻国家级非遗项目 15 项、省级非遗项目 8 项、州县级非遗项目 28 项

资料来源：根据相关资料和公开报道综合整理。

南花苗寨自 1997 年就开始发展乡村旅游，是贵州省较早发展乡村旅游的村落之一，先后获“先进文明村寨”“全国农业旅游示范点”等称号。2008 年，南花苗寨受 308 省道修建等因素影响开始走下坡路。随着邻近的西江千户苗寨召开省旅发大会，南花苗寨的旅游业出现衰落。2016 年，黔东南州歌舞团与南花村联合开展党建帮扶活动，推出“做客南花”乡村旅游项目，助力地区经济增长。截至 2018 年底，共创造 142 个就业机会、共接待游客 30000 人。2019 年南花村剩余的 19 家贫困户共 50 人已全部脱贫（见表 3-6）。

表 3-6 南花苗寨旅游发展情况

时间	概要	事件
1991 年	“旅游扶贫”理念	贵州省提出“旅游扶贫”，助推南花村旅游发展
1997 年	正式进行旅游开发	南花苗寨正式进入乡村旅游发展阶段
2008 年	省道修建影响旅游 省旅发大会召开	308 省道施工，可进入性较差影响旅游发展 省旅发大会召开，西江千户苗寨异军突起抢走客流量
2016 年	入选传统村落 党建帮扶	入选第四批中国传统村落名录，与黔东南州歌舞团有限责任公司联合开展党建帮扶活动，重振南花旅游

续表

时间	概要	事件
2018 年	“做客南花”项目	推出“做客南花”乡村旅游项目，进行旅游再开发
2019 年	国家 3A 级旅游景区	被评为国家 AAA 级旅游景区

资料来源：根据相关资料和公开报道综合整理。

（2）北京密云司马台村

司马台村隶属于北京市密云区古北口镇，位于北京东北部，距离北京市区 120 千米，密云区城区 60 千米。司马台村距古北水镇景区约 2 千米。村庄坐落于燕山山脉东部，夹在两山之间的沟壑内，汤河经司马台水库后贯穿全村，哺育村子数百年。村子位于司马台长城西南，村落分布与长城走向呈垂直分布状态。司马台村（行政村）共有 8 个生产队（自然村）。2010 年，古北水镇项目动工，由中青旅和密云县人民政府共同建设。其中，司马台村 1 ~5 生产队的土地用于水镇建设，1 ~5 队居民于 2010 年 7 月开始整体搬迁至 6 ~8 生产队，集中建设司马台新村（蔡家窝铺、小岭、沙岭三个自然村）。2012 年 8 月回迁。回迁房有两种：一种是联排别墅（三种户型），居民多选择自住和民宿经营相结合的户型；另一种是楼房（四种户型），居民多用于自住。依托“古北水镇”品牌优势及古北口深厚的历史文化底蕴，司马台村按照“一个民俗村就是一个乡村酒店”和“六有四统一”的标准，积极发展民俗旅游产业。全村共有民俗经营户 215 户，可提供客房 645 间、床位 933 张。2016 年全村旅游接待 11.07 万人次，总计收入 2029 万元，实现农民人均纯收入达到 5.1 万元，初步形成了乡村旅游产业健康有序和规模化发展。司马台村旅游发展情况如表 3 –7 所示。

表 3 –7　司马台村旅游发展情况

时间	概要	事件
1989 年	开始接待	开始接待游客，游客数量逐年上涨，近年海外游客约占游客总人数的 15%
1994 年	成立司马台长城旅游工贸公司	司马台长城旅游工贸公司接待中外游客 9.5 万人次，其中外宾 0.4 万人，直接经济收入 85 万元
1995 年	司马台国际温泉度假村	温泉度假村项目 3 月开始实施，6 月开始接待游客

续表

时间	概要	事件
2003 年	6 户北京市民俗接待户	司马台村倪立珍等 6 户被评为北京市第二批民俗旅游接待户
2007 年	北京市乡村民俗旅游村	经过复核检查，司马台村成为北京市乡村民俗旅游村之一，司马台村有 59 户成为民俗旅游户
2010 年	古北水镇布局	作为北京市“十二五”规划内容之一，原司马台村将规划为古北水镇。司马台新村的定位为北京地区以长城文化与自然生态环境有机结合，融长城观光、民俗接待与民俗文化活动等为一体的生态民俗旅游村
2011 年 12 月	旅游合作社成立	密云设立了 17 家民俗旅游专业合作社
2012 年底	搬迁	司马台人全部搬离旧址，入住司马台新村
2015 年	中国最美休闲乡村	被农业部评为“中国最美休闲乡村”
2021 年	全国乡村旅游重点村	入选第三批全国乡村旅游重点村名单
2023 年	“长城花海村落”景区开业	进一步加强村落的景区化改造

司马台长城依险峻山势而筑，并以险、密、齐、巧、全五大特点著称于世。中国著名古建筑学家罗哲文曾评价“中国长城是世界之最，司马台长城堪称中国长城之最”。中青旅公司的年报显示，古北水镇 2014 年 1 月 1 日开始运营，运营之初即呈现出猛烈的增长势头，当年客流量达 98 万人次，2017 年达到了顶峰 275.36 万人次，随后开始略有下滑，2018 年游客接待量 256 万人次。2022 年，古北水镇景区共接待游客 112.95 万人次，同比下降 25.70%；实现营业收入 6.88 亿元，同比仅下降 10.44%。司马台村旅游社区为古北水镇景区提供了辅助功能，即为景区游客提供餐饮和住宿，夜间相对缺乏娱乐活动。近年来，司马台村旅游社区也不断进行改造升级，丰富相应的业态。

（3）北京密云古北口村

古北口村隶属于北京市密云区古北口镇，位于北京东北部，距离北京市区 120 千米、密云城区 60 千米。古北口历史文化悠久，曾是边关军事和商贸重镇。春秋战国时期，燕国就在此筑墩设防，南北朝时的北齐也在此地构筑石砌长城，隋朝时期修缮燕蓟段长城于古北口设军镇，唐朝始称

“古北口”，金朝筑“北口城”，元朝设古北口驿，明朝洪武十一年（1378年）修筑万里长城的同时修建了古北口镇城，清代设总兵、总督府。1933年长城抗战中此地是对战局影响最大的主要战场。古北口村地势险要，位于居庸关与山海关之间，素有“京师锁钥”之称。蟠龙山位于村北，与潮河西岸的卧虎山两山对垒，构成长城内外分水岭，具有重要的战略意义。

古北口村曾作为古御道，是商贸往来重镇。因此产生一种现象，祖上传下来有地的务农，靠近御道的百姓经商。新中国成立后，有耕地的百姓基本是农村户口（如大岭、二寨、东队、西队），没有耕地的百姓基本为城镇户口（如南菜园子）。2020 年 2 月，中国传统村落博物馆官网显示，古北口村常住人口 4202 人、户籍人口 3202 人。

依托古北口镇城、古北口瓮城、东关二郎庙、杨令公庙、药王庙、财神庙、古北口战役阵亡将士公墓、蟠龙山长城和古御道等资源，古北口村从 20 世纪 80 年代开始受国外游客青睐，先后被评为市级生态文明村、北京最美乡村、中国最具魅力休闲乡村、全国生态文明村、中国传统村落等。古北口村旅游发展情况如表 3－8 所示。

表 3－8　古北口村旅游发展情况

时间	概要	事件
1989 年	开始接待	依托古北口长城、蟠龙山长城开始接待游客
2008 年	北京最美乡村	被北京市委农工委评为“北京最美乡村”
2011 年	中国最具魅力休闲乡村	被农业部评为“中国最具魅力休闲乡村”
2014 年	第三批中国传统村落	入选第三批“中国传统村落”名录
2018 年	北京首批市级传统村	入选北京首批市级传统村落名录
2019 年	全国乡村旅游重点村	入选第一批全国乡村旅游重点村名单
2021 年	中国美丽休闲乡村监测合格名单	入选农业农村部办公厅公布的 2010—2017 年中国美丽休闲乡村监测合格名单

目前，村落主要沿河分布。古北口村街道骨架基本保存民国时期“一纵四横”的鱼骨式格局，村内建筑主要采用传统的四合院模式。古北口镇城、古北口瓮城为全国重点文物保护单位。

古北口文化文物景区（http：//www. bjmy. gov. cn/art/2023/1/3/art_4160_ 105219. html）包含蟠龙山长城、古北口长城以及诸多庙宇。古北口

为北京的龙脉地带，是中国庙宇密度最高的古镇。人们经常这样说：“七郎坟、令公庙、琉璃影壁靠大道，一步三眼井、两步三座庙。”总体上，古北口村旅游社区与景区形成一种半分离式的区位关系。

3.5 调查研究的实施

3.5.1 实施和访谈概况

通过前期的文献分析和梳理工作，本书集中在2019年对上述3个社区进行问卷调查和访谈工作。后期因为受突发的公共卫生事件影响以及一些防控措施的影响，本书陆续进行了一些个别访谈工作。根据景社一体化关系，2019年9月于西江千户苗寨进行实地调研，问卷发放220份，回收有效问卷214份。为了进一步考察西江千户苗寨的竞争合作以及社区发展特色，因此对周边的郎德上寨和施洞苗寨的调研稍有涉及，郎德上寨发放问卷40份、回收37份，施洞苗寨发放问卷20份、回收20份。根据景社分离关系，2019年11月于司马台村进行实地调研，对于村中前排经营住宿和餐饮的商户基本逐户发放问卷，村中后排楼房区老人较多，采用半结构式访谈辅助问卷方法，共发放问卷100份、回收95份。根据景社分离关系，2019年7月于古北口村进行实地调研，发放问卷160份、回收152份。研究调查和访谈情况如表3-9所示。

表3-9 研究调查和访谈情况一览表

调研地	调研时间	问卷数量	访谈数量
贵州西江千户苗寨	2019年9月21—22日	发放问卷220份、回收214份	47人
贵州郎德上寨	2019年9月23日	发放问卷40份、回收37份	5人
贵州施洞苗寨	2019年9月24日	发放问卷20份、回收20份	5人
北京司马台村	2019年10月11—12日	发放问卷100份、回收95份	33人
北京古北口村	2019年7月21—24日	发放问卷160份、回收152份	23人

首先，为获取居民获得生计资本的能力、主体增权与就业能力、风险应对能力以及对旅游发展带动的感知，本书首先对西江千户苗寨文化研究院院长、西江千户苗寨旅游发展有限责任公司（下文简称旅游公司）等相关人员进行深度访谈，接着辅以访谈的形式深入社区随机对阿浓苗家、李

光雄银饰店、胖妈酸汤鱼等景区内不同业态的从业人员和社区居民，重点对当地寨老、鼓藏头和村支书等进行深度访谈。其次，为了解居民对社区发展能力的认知及感知情况，随机对社区居民进行访问。由于研究组中有懂苗语的人员，因此获得了非常珍贵的年长村民以及鼓藏头等人士的资料。2020 年 1 月和 10 月，本研究又进一步深入西江千户苗寨进行累计 30 天的关于西江千户苗寨、郎德上寨和南花苗寨的观察和访谈，重点考察居民实际在社区发展中的参与度、生计情况的变化以及风险抵御能力等，以文本记录和录音的形式，整理和记录文化研究院院长、寨老、村支书和部分村民等对于传统乡规民约向现代乡规民约的转变、在旅游社区治理中参与度等专题性口述记忆资料。不同类型访谈对象概况如表 3－10 所示。

表 3－10　不同类型访谈对象概况

访问对象	具体职位与特征	目的
社区村干	支书、主任等	了解当前社区发展和旅游带动情况
管理公司中层	管理公司经理、助理、工作人员	了解管理公司对旅游社区的开发投入、分配制度和管理情况
鼓藏头	苗族世袭制鼓藏头	了解寨老制、分配制度等情况
寨老	乡规民约主要制定者	了解乡规民约的制度程序及内容、历史变迁等，了解社区自治的相关内在制度
社区居民	社区世居居民	了解居民对于获取生计资本的能力、主体增权和就业能力、风险应对能力以及旅游影响和相关利益分配的基本感知等情况

资料来源：根据相关情况综合整理。

3.5.2　受访者基本情况

本研究从性别、年龄、学历、主要收入来源和居民类型 5 个方面反映受访者的人口统计特征。

在西江千户苗寨调研，其中女性人数最多，占样本的 57%；居民平均年龄集中在 18～25 岁，占样本的 32.7%，26～35 岁的居民人数次之，占样本的 19.2%，36～45 岁和 46～60 岁居民人数差异不大。初中、高中（或中专）学历居民人数最多，占样本的 63.1%，小学及以下、大专及以上学历人数差异不大。在主要收入来源调查中，旅游经营的人数占样本人数的46.7%，8.4%的收入来源不在问卷调查范围内（见表3－11），工资性收入的居民比重相对于农业生产类型比重较大，外出打工人数最少，非本地居民来此就业人数占比超过三成。从实地调查看，样本的人口统计特征与现实情况相符，表明样本符合数据统计分析的条件。

表3－11 西江千户苗寨受访者人口学特征信息

人口学特征		样本数量（人）	比例（%）	人口学特征		样本数量（人）	比例（%）
性别	男	92	43	学历	小学及以下	48	22.4
	女	122	57		初中	76	35.5
年龄	18～25岁	70	32.7		高中（或中专）	59	27.6
	26～35岁	41	19.2		大专及以上	31	14.5
	36～45岁	36	16.8	主要收入来源	农业生产	42	19.6
	46～60岁	39	18.2		旅游经营	100	46.7
	60岁以上	28	13.1		工资性收入	46	21.5
居民类型	本村原住居民	132	61.1		外出打工	8	3.7
	非本村居民，在此工作或创业	84	38.9		其他	18	8.4

资料来源：通过问卷数据统计得出。

在司马台调研，男女比例基本相等（见表3－12）；居民年龄主要集中在50～70岁，50后人数最多，占样本的27.3%，70后居民人数次之，占样本的23.2%，80后、90后人数反而最少。小学及以下学历居民人数最多，均占样本的53.7%，初中、高中（或中专）学历游客人数差异不大。在主要收入来源调查中，旅游收入>70%（住宿、餐饮、景区工作人员、超市等），占样本总量的49.5%，比例最大；旅游收入>50%的比例为24.2%，综合农业收入的占比为21.3%。已婚人数占比93.7%。从实地调查看，样本的人口统计特征与现实情况相符，表明样本符合数据统计分析的条件。

表 3-12　司马台村受访者人口学特征信息

<table>
<tr><th colspan="2">人口学特征</th><th>样本数量（人）</th><th>比例（%）</th><th colspan="2">人口学特征</th><th>样本数量（人）</th><th>比例（%）</th></tr>
<tr><td rowspan="2">性别</td><td>男</td><td>47</td><td>49.5</td><td rowspan="4">学历</td><td>小学及以下</td><td>51</td><td>53.7</td></tr>
<tr><td>女</td><td>48</td><td>50.5</td><td>初中</td><td>21</td><td>22.1</td></tr>
<tr><td rowspan="7">年龄</td><td>14～20 岁</td><td>0</td><td>0</td><td>高中（或中专）</td><td>23</td><td>24.2</td></tr>
<tr><td>21～30 岁</td><td>6</td><td>6.3</td><td>大专及以上</td><td>0</td><td>0</td></tr>
<tr><td>31～40 岁</td><td>16</td><td>16.8</td><td rowspan="7">主要收入来源</td><td rowspan="2">农业收入＞70%</td><td rowspan="2">15</td><td rowspan="2">15.8</td></tr>
<tr><td>41～50 岁</td><td>22</td><td>23.2</td></tr>
<tr><td>51～60 岁</td><td>16</td><td>16.8</td><td>农业收入＞50%＋打工等其他</td><td>5</td><td>5.3</td></tr>
<tr><td>61～65 岁</td><td>10</td><td>10.5</td><td>旅游收入＞70%（住宿、餐饮、景区工作人员、超市等）</td><td>47</td><td>49.5</td></tr>
<tr><td>66 岁及以上</td><td>25</td><td>26.3</td><td>旅游收入＞50%</td><td>23</td><td>24.2</td></tr>
<tr><td rowspan="2">婚姻状况</td><td>未婚</td><td>6</td><td>6.3</td><td rowspan="2">非农业收入（房屋出租等）＞70%</td><td rowspan="2">5</td><td rowspan="2">5.3</td></tr>
<tr><td>已婚</td><td>89</td><td>93.7</td></tr>
</table>

资料来源：通过问卷数据统计得出。

在古北口村调研，女性人数最多，占样本的 56.6%；居民年龄集中在 45 岁以上，46～60 岁占比 40.8%，人数最多，60 岁以上的居民人数次之，占样本的 36.8%，18～25 岁居民人数最少。小学及以下学历居民人数最多，占样本的 43.4%，初中学历次之，占样本的 31.6%。在主要收入来源调查中，旅游经营的人数占样本人数的 32.9%，外出打工和农业生产并列最后，均占比 11.8%，非本地居民来此工作或创业人数较少，占比 7.9%（见表 3-13）。从实地调查看，样本的人口统计特征与现实情况相符，表明样本符合数据统计分析的条件。

表 3－13　古北口村受访者人口学特征信息

人口学特征		样本数量（人）	比例（%）	人口学特征		样本数量（人）	比例（%）
性别	男	66	43.4	学历	小学及以下	66	43.4
	女	86	56.6		初中	48	31.6
年龄	18～25 岁	3	2		高中（或中专）	25	16.4
	26～35 岁	8	5.3		大专及以上	13	8.6
	36～45 岁	23	15.1	主要收入来源	农业生产	18	11.8
	46～60 岁	62	40.8		旅游经营	50	32.9
	60 岁以上	56	36.8		参加工作	19	12.5
居民类型	本村原住居民	140	92.1		外出打工	18	11.8
	非本村居民，在此工作或创业	12	7.9		其他	47	30.9

资料来源：通过问卷数据统计得出。

3.6　信度和效度检验

问卷回收并进行数据录入后，本书运用 SPSS 20.0 软件对数据进行统计，采用多种分析方法对数据进行处理，以充分说明不同区位旅游社区发展间的差异。本书主要涉及以下分析方法：①描述性统计，用于人口特征和一些旅游社区发展简单问题的分析；②信度、效度分析，主要针对量表进行可靠性和一致性的检验；③均值比较，计算量表每个层面的均值。

问卷调查中，涉及居民态度、行为、心理等潜在特质的调查，因为单一题项不足以代表某一潜在特质，所以将量表题划分层面、归纳属性相似题，层面测量值是数个题项的加总分数。之后对量表题经过以下处理：①问卷题项检核，并将反向题进行反向积分法；②划分五个资本层面，每个资本层面单独加总；③计算每个层面单题的平均；④求出量表的描述性统计量。因每个层面所含题量的不同，层面之间的均值不便比较；层面平均是层面均值经过平均得来，且层面平均经过配对样本 *T* 检验（Paired－samples t test）。

本书使用 SPSS 20.0 软件对数据进行分析，对整体量表的信度、效度进行了检验（见表3－14）。首先，通过 Cronbach's α 系数对调研问卷题项进行信度检验。本研究数据信度中最低 $\alpha = 0.728 > 0.7$，表示量表信度较好，符合标准且整体不需要进行修改。Bartlett's 球形度检验 $p = 0.000 < 0.01$ 显著，适宜使用因子分析。

表3－14　总体量表信度、效度检验

案例地	Cronbach's α	Kaiser－Meyer－Olkin	项数
西江千户苗寨	0.911	0.871	44
司马台村	0.728	0.510	32
古北口村	0.925	0.739	41

4　旅游社区自我可持续发展能力的实证分析

4.1　景社一体化旅游社区的自我可持续发展能力

西江千户苗寨的旅游发展以 2008 年为节点分为两个阶段。西江因 20 世纪 80 年代美国学者路易莎（Louisa Schein）的深入考察以及出版的专著《少数民族的准则：中国文化政治里的苗族和女性》而出名。1987 年，政府将西江千户苗寨及周边的郎德上寨和雷公山列为首批旅游开发的重点。受交通条件限制，前来旅游的主要是部分社会学和民族学的学者和先锋式游客。此后数十年，西江千户苗寨不断加强宣传，也获得各类荣誉称号。2007 年，西江千户苗寨邀请文化名人余秋雨来参观并发表了《用美丽回答一切》的游记。依托余秋雨的知名度和文章传播度，吸引了大量读者和网友的关注。西江千户苗寨借此开辟了“余秋雨线路”的黄金旅游路线，游客量获得快速增长。

2008 年，第三届贵州省旅发大会在西江千户苗寨举办，雷山县政府对基础设施建设进行大规模改造升级。各级部门共投资 3 亿多元建设了主会场馆、苗族博物馆、精品街、观景台、河滨道等 20 多个项目。尤其是黔东南州州府凯里到西江的公路的贯通，解决了长期以来的交通瓶颈问题，西江千户苗寨由此获得了快速发展。2011 年，西江千户苗寨的游客接待量突破 100 万人次大关。2018 年，西江千户苗寨的游客接待量达到 1177 万人次。疫情防控期间，西江千户苗寨的旅游接待人次和收入都受到了较大的影响。2023 年，借“村超”的热度，西江千户苗寨景区开设了“一站式直达‘村超’现场直通车”，在传统旅游产品线路上再掀起一轮高潮。西江千户苗寨景区组织景区表演团队借“村超”大舞台，在赛前、中场和当地苗、侗、水、瑶等村民一起身着盛装，带上糯米饭、腌鱼、卷粉、天麻、茶叶等特色农产品，伴着悠扬的芦笙与球员一起载歌载舞闪亮登场，将舞蹈、歌曲、服饰等民族元素与足球完美结合，刮起“最炫民族风”，向世人展示当地和西江千户苗寨景区多姿多彩的民族文化。2023 年 1—6 月西江景区接待游客 186.62 万人次，同比增长 605.14%；实现旅游综合收入 18.84 亿元，同比增长 621.84%，其中 5—6 月西江景区累计接待游客 68.94 万人次，实现旅游综合收入 7.08 亿元。2000—2022年西江千户苗寨旅游接待人次和旅游综合收入如表 4 - 1 所示。

表 4 - 1　2000—2022 年西江千户苗寨旅游接待人次和旅游综合收入

年份	游客接待人次（万）	增长率（%）	旅游综合收入（万元）	增长率（%）
2000	0.76	—	17	—
2001	0.8	5.26	20	17.65
2002	0.86	7.50	20	0.00
2003	0.92	6.98	23	15.00
2004	1.164	26.52	30	30.43
2005	1.352	16.15	33	10.00
2006	6.8	402.96	544	1548.48
2007	11.5	69.12	576	5.88
2008	77.73	575.65	13675	2274.13
2009	78.4	0.90	17958	31.32
2010	90.2	15.05	28725	59.96
2011	115.94	28.54	49700	73.02
2012	156.22	34.74	90600	82.29
2013	218.4	39.80	163000	79.91
2014	272.56	24.80	213600	31.04
2015	345.64	26.81	266200	24.63
2016	487.73	41.11	419900	57.74
2017	750	53.77	640000	52.42
2018	1177	56.93	1000800	56.38
2019	827	-29.74	745000	-25.56
2020	753.17	-8.93	640100	-14.08

续表

年份	游客接待人次（万）	增长率（%）	旅游综合收入（万元）	增长率（%）
2021	548.41	-27.19	—	
2022	120.28	-78.07	—	

资料来源：根据《西江模式：西江千户苗寨景区十年发展报告（2008—2018）》和网络公开报道数据综合整理。

本书进一步从生计资本获取能力、主体增权与就业能力以及风险应对能力来分析西江千户苗寨的自我可持续发展能力。同时，对景区社区一体化型旅游社区的特点进行剖析。

4.1.1 生计资本获取能力

本书通过对西江千户苗寨的调查，将其资本按可持续生计框架中生计资本划分，分别计算每个资本层面及其平均值的极大值、极小值、均值，并进行分析，如表4－2所示。

表4－2 西江千户苗寨可持续生计资本描述性统计量

	N	极小值	极大值	均值	标准差
金融资本	214	15	25	20.30	2.061
物质资本	214	16	30	24.08	3.258
社会资本	214	9	20	15.87	2.466
自然资本	214	5	15	10.67	1.912
人力资本	214	13	29	22.01	2.480
金融平均	214	3	5	4.01	0.543
物质平均	214	3	5	4.01	0.543
社会平均	214	2	5	3.97	0.616
自然平均	214	2	5	3.56	0.637
人力平均	214	2	5	3.67	0.413

资料来源：通过问卷数据统计得出。

（1）金融资本

在整体上，当地居民对社区拥有的金融资本总体感知均值为20.30，平均均值为4.01，平均值处于李克特量表4～5分，分值较高，表明旅游能改善其经济条件。在表4－3中题Q1“您的收入受游客消费影响较大”，同意和非常同意占比45.4%，不同意和非常不同意仅占比14.4%。题Q2

"您更愿意参与旅游相关经营事业"，同意和非常同意占比80.1%。题Q5"旅游发展为当地带来更多就业机会"，同意和非常同意占比84.2%。题Q4"旅游发展导致当地贫富两极分化"，同意和非常同意占比11.6%，低于60.2%的一般感受人群。不过，当地因性别差异导致的利益分配不均现象并不明显，如Q6"存在因性别差异而导致的利益分配不均现象"所示，仅有3.7%的人认为不存在该现象。旅游发展反而加大了女性群体对经济支配的权利，如Q7"旅游发展加大了女性群体对经济支配的权利"所示，不认可的仅占23.6%。同时，经过本书持续对案例地的观察，上述调查结果基本与实地观察情况一致。通过实地观察发现：第一，居民所在寨子越是靠近核心商圈，旅游发展对其经济影响越大。例如居住在平寨的村民就表示自己开银饰品店，并招聘苗寨附近的村民来工作。第二，当地距核心商圈较近的平寨村有很多外来经商的人群。他们多来自浙江、福建、湖南等地，比当地居民投资力度更大、收入更高。因此，当地村民感知贫富差距越来越大。

表4-3　西江千户苗寨居民对金融资本的感知

感知		题项					
		Q1 您的收入受游客消费影响较大	Q2 您更愿意参与旅游相关经营事业	Q4 旅游发展导致当地贫富两极分化	Q5 旅游发展为当地带来更多就业机会	Q6 存在因性别差异而导致的利益分配不均现象	Q7 旅游发展加大了女性群体对经济支配的权利
不认可（%）	非常不同意	1.9	1.9	28.2	0	3.7	23.6
	不同意	12.5	4.6	0	6.0	0	0
一般（%）		40.3	13.4	60.2	9.7	55.6	70.8
认可（%）	同意	24.1	43.5	11.1	43.5	36.1	5.6
	非常同意	21.3	36.6	0.5	40.7	4.6	0

资料来源：通过问卷数据统计得出。

（2）物质资本

在李克特量表中，当地居民对自己所持的物质资产的整体认知指数均值为24.08，平均均值为4.01，分值较高，认可旅游对其生活条件的改善。

苗寨是景区吸引物功能和社区居住功能集中在一起的社区，景区与社区环境相互影响，如表4－4中题Q3“景区发展以来居民生活条件有所提升”所示，居民认可度在74.5%；如题Q19“景区周边的基础设施得到改善”所示，居民认可这一改变占83.4%。苗寨位于山区，景区的可达性与社区的通达度关系更为密切。促进社区发展的旅游因素中，如题Q28“旅游交通工具多样化”所示，居民认可度仅占11.6%，不认可占比28.2%；如题Q29“道路级别提升”所示，认可占比69.4%；如题Q30交通信息化程度提高“旅游道路标识牌增多”所示，居民认可度占比79.2%；及如题Q31“交通信息化（如导航仪）”所示，居民认可度占69.5%。这一结果与实地观察是一致的，苗寨外部交通较为便捷，修通首府凯里至此地旅游线，旅游道路标识增多，这些改变都得到居民认可。但是社区内部交通道路因需要平衡居民生活需求与游客观光需求，居民可开私家车进出，游客只能是步行或乘坐观光车，旅游交通工具单一。

表4－4 西江千户苗寨居民对物质资本的感知

感知		题项					
		Q3 景区发展以来居民生活条件有所提升	Q19 景区周边的基础设施得到改善	Q28 旅游交通工具多样化	Q29 道路级别提升	Q30 旅游道路标识牌增多	Q31 交通信息化（如导航仪）
不认可（%）	非常不同意	0.9	0.9	28.2	0	0	0.5
	不同意	4.2	3.2	0	5.1	3.2	1.4
一般（%）		20.4	12.5	60.2	25.5	17.6	28.7
认可（%）	同意	42.1	41.7	11.1	46.3	52.3	51.4
	非常同意	32.4	41.7	0.5	23.1	26.9	18.1

资料来源：通过问卷数据统计得出。

（3）人力资本

当地居民对社区拥有的人力资本总体感知均值为22.01，平均均值为3.67，平均值处于李克特量表3～4分，分值中等偏上，较为认可旅游对其文化生活条件的提升。外来游客进入当地居民生活的环境，为居民带来商机，而居民的个人交流能力和从业技能影响着居民对机会的把控。在表

4－5中题Q9“旅游发展激发当地居民学习普通话和外语的热情”，认可占比75. 5%；题Q12“您愿意参加旅游职业技能培训”，认可占比75. 5%。同时，如题Q32“旅游相关部门对当地人的培训”、题Q13“接受旅游方面教育的机会增多”所示，认可占比分别是61. 1%、49. 6%。因此，对于问题Q11“旅游发展冲击当地优良传统、文化传承、破坏古朴民风民俗”（例如，女性不穿民族服饰、不学民族技艺等），居民不认可占比58. 8%。在实地观察中，当地旅游服务人员（如导游、餐馆服务员、博物馆讲解员等）和当地普通居民的日常穿着均是民族服装。他们的民族服装本身就有适用于生产生活多方面的样式，也意识到这是吸引外来游客观看和购买的一个展示机会，甚至苗语交流营造的异域环境也是吸引游客的一个因素。在主街、游方街、廊桥等区域，银饰加工店、民族服装售卖店比比皆是。

表4－5　西江千户苗寨居民对人力资本的感知

感知		题项						
		Q9 旅游发展激发当地居民学习普通话和外语的热情	Q11 旅游发展冲击当地优良传统、文化传承、破坏古朴民风民俗	Q12 您愿意参加旅游职业技能培训	Q13 接受旅游方面教育的机会增多	Q16 商业化导致当地传统文化的消退	Q20 景区发展使当地人文明素质提高	Q32 旅游相关部门对当地人的培训
不认可(%)	非常不同意	0	3. 2	0	1. 4	8. 3	0	0. 5
	不同意	5. 1	55. 6	5. 1	7. 4	34. 3	6. 0	3. 2
一般（%）		19. 4	35. 6	19. 4	41. 7	51. 4	21. 8	35. 2
认可(%)	同意	38. 0	5. 6	49. 1	38. 0	0	43. 5	38. 9
	非常同意	37. 5	3. 2	26. 4	11. 6	6. 0	28. 7	22. 2

资料来源：通过问卷数据统计得出。

（4）社会资本

当地居民对社区拥有的社会资本总体感知均值为15. 87，平均均值为3. 97，平均值接近李克特量表4分，分值中等偏上，较为认可旅游对其社会生活的影响。在景社一体化的旅游社区中，旅游促进当地居民与外界文化的交流（如表4－6中题Q8所示），认可占比83. 4%。当地居民与游客的交流机会更多、更直接。对于题 Q17 "旅游发展使当地村民的思想更加开放"，居民持一般无感态度更多，占比为 44.4%，不认可的占比近 1/4。这是因为当地苗族文化深深根植于居民内心，当地旅游的发展只有 20 余年，旅游可以改变他们外显的衣着、生产生活工具，但对于内在的饮食文化、治理制度等还是难以动摇。对于题 Q23 "旅游发展使当地外出打工人数减少"，当地居民认可较高，占比 69.4%。通过对游方街逐店走访调查，游方街的店员多为附近村寨的人，在西江千户苗寨没有发展旅游之前，他们多是去广东、福建等省打工，现在苗寨旅游发展越来越好，当地居民选择回乡开店，周边村寨人来此上班，不用再背井离乡。

表 4-6 西江千户苗寨居民对社会资本的感知

感知		题项			
		Q8 旅游促进当地居民与外界文化的交流	Q17 旅游发展使当地村民的思想更加开放	Q23 旅游发展使当地外出打工人数减少	Q24 提高社会对当地安全问题的关注
不认可（%）	非常不同意	0	3.2	1.4	0.5
	不同意	2.8	19.4	10.6	1.4
一般（%）		13.9	44.4	18.5	43.1
认可（%）	同意	45.4	32.9	37.0	35.2
	非常同意	38.0	3.2	32.4	19.9

资料来源：通过问卷数据统计得出。

"村里 99% 的人都回来就业和创业，周边开觉村 92% 的人都到西江来就业，政府对当地居民进行了从业培训。旅游收入占总收入的 90% 以上，外地人经营商铺占 30% 左右。宾馆和饭店收入占 40% 以上，有 180 个民宿和客栈，其中 50% 的都是由本村人开设。"（A1，男，35 岁，西江千户苗寨文化旅游发展有限责任公司管理人员）

"旅游业的发展带动了很多老年人就业，我们苗族古歌演唱就全是由本村老年人完成的。在农村，老人家到了 60 岁农活也做不了，就只能带带小孩，主要是靠子女抚养。现在好了，老人家也能靠自己的才艺获得经济收入。"（A2，女，42 岁，羊排村，噶歌苗苑员工）

"我不是西江本地人，我的老家是西江隔壁 5 公里外的麻料村。麻料村是整个雷山乃至黔东南地区最出名的银匠村，银饰是我们苗族最自豪的东西，当时也是看西江旅游发展得比较好，所以就到处跟亲戚朋友借钱，找银行贷款，跑到西江搞了个门面做生意。”（A3，男，44 岁，也东寨，李光雄银号店老板）

西江千户苗寨发展起来后，当地居民提高了对社会安全问题的关注度（如表 4－6 中题 Q24 所示），尤其是消防安全。当地民居多为木质结构，且密集地排列在山坡上，居住的人多了，店铺变多，消防隐患也多了。因此，当地依然保留古老的“鸣锣喊寨”制度，有社区居民轮流在固定时间敲锣走街串巷，用苗语提示用火的注意事项，也成为西江千户苗寨地方特色的重要表征。同时，社区居民和消防大队、管理公司密切配合，抓实全民共治，推行“十户联防”制度，将苗寨传统消防管理方式与传统“议榔”相融合，制定出台具有公共约束力的村规民约，推动落实消防巡查检查、鸣锣喊寨、宣传培训、重点人员监护、红白喜事打招呼等措施。

（5）自然资本

当地居民对社区拥有的自然资本总体感知均值为 10.67，平均均值为 3.56，平均值处于李克特量表 3～4 分，分值中等，一般认可旅游对其自然环境的关注。宜居宜游的旅游社区环境建设对游客和居民来说，是双赢的举措。当地居民对环境保护的意识逐渐提高（如表 4－7 中题 Q26 所示），当地自然环境得到有效保护（如表 4－7 中题 Q25 所示）。通过实地观察和走访，在羊排、东引、欧嘎等距核心商圈较远、地势较高的村寨，社区街道环卫工人也增加了，居民在牵引骡马运输时也会注意维护卫生。

“以前西江交通闭塞，想去凯里和雷山卖点农产品，可是太远，要走到朗利、挂丁，然后才有班车到凯里，走一次差不多五六个小时的山路加 40 分钟公路，一到下雨天山路都是泥巴，真的很恼火。现在乡村公路变成 G60 沪昆高速凯雷段。”（A4，李教授，男，50 岁，西江千户苗寨文化研究院院长）

“以前村子道路到处都是生活污水和粪便，我们苗族的吊脚楼第一层是喂养牲畜的，人和牲畜共用一个粪池，你随便去一个寨子里走一圈，有

60多个厕所，有的老百姓拉牛去犁田、拉马去载货，村子道路上随处可见牲畜的粪便。但是，现在这些情况已经没有了，景区里有自己的污水处理厂，说到基础设施和环境的变化，我们民间老百姓常常讲‘猪圈变门面’‘厕所变宾馆’。”（A4，李教授，男，50岁，西江千户苗寨文化研究院院长）

表4－7　西江千户苗寨居民对自然资本的感知

感知		题项		
		Q25 自然环境得到有效保护和开发	Q26 当地人的环境保护意识增强	Q27 人多嘈杂、交通堵塞
不认可（%）	非常不同意	1.9	1.9	3.7
	不同意	6.9	4.6	20.8
一般（%）		27.3	23.1	59.7
认可（%）	同意	36.1	43.5	0
	非常同意	27.8	26.9	15.7

资料来源：通过问卷数据统计得出。

景社一体化发展的社区，人多嘈杂、交通堵塞与否也是环境方面需要关注的问题。当地居民对社区目前拥挤度有两个极端认识，如题Q27所示，不认可占24.5%，非常同意占15.7%（见表4－7）。山上的居民之所以认为不拥挤，是因为上山的游客比较少。

“来山上的游客非常少，待的时间短暂。像鼓藏头看管的鼓是对外展示的，但因为放置在山顶，游客从山脚到山顶的石阶不好走、远且高，山顶迎接游客入住的房屋改造难度较大，所以游客来此只是待一会就下山了。”（A5，男，42岁，也东寨村民）

山下的居民却认为游客对他们日常生活造成影响，驾车出门要另走他路，为游客让出景区大门。

4.1.2　主体增权与就业能力

西江千户苗寨的主体增权与就业能力有以下六个特点：

第一，劳动力价格较低且文化水平不高，旅游就业门槛相对较低。由西江千户苗寨居民的平均月收入可知，居民平均月收入2000～3000元的人数占总数的一半，2000元以下的人数和4000元以上的人数均占总数的

23.4%。因为当地消费能力较低且本地就业机会有限，居民平均工资水平较低。相较而言，旅游服务岗位以其较多的就业需求和较高的报酬而具有较高的吸引力。当地居民文化水平不高，初中、小学及以下的学历占比57.9%，超过调研问卷人数的一半。中老年人中会说普通话的没有青年人多。

第二，旅游经营的商铺地理位置导致收益差距较大，地理区位的差异给居民带来不同的收益。位于山上的苗寨，由于道路不畅通、攀爬难度较高，游客不如山脚下的店铺多。山上居民对此普遍不是很满意。

“就算我把自家房屋弄成旅馆，入住游客也很少，为啥？山上离游兴街、主街太远，山上没啥看头，人家（就）不愿意来。”（A5，男，42岁，也东寨村民）

“但是，在整个旅游发展过程中，对一些边缘村寨的关注度不够，我们羊排村就是这样的边缘村寨。有些人家也去借钱贷款做生意，开旅馆和饭店，但是我们羊排村离街上远，好多游客都不晓得山上还有个羊排村，一天都没几个人上来，更别说吃饭和住宿了，现在很多生意都不赚钱，不赔本都算好咯。”（A6，女，52岁，羊排村村民）

“我们羊排村离观景台对面的山上、山下的街道都有点远，希望政府能帮我们想想办法，看怎么才能带动一些游客来我们羊排村这里看一看逛一逛，吃个饭住个宿，让我们山上居民和山下居民一样能共享到旅游发展带来的效益，做农活还是太苦了，只能勉强够吃，存不到钱。”（A7，女，54岁，羊排村村民）

第三，外来资本已经介入旅游就业，一定程度上通过资本和规模化占据了回报较高的区位。当地旅游业处于上升期，旅游业态发展不均衡。旅游业创造的岗位以体力劳动为主，居民参与的都是简单的餐饮服务，技术含量高的岗位进入门槛高。

“商业街上开店铺的，好多是湖南人、河南人，我们这儿好多娃仔出去打工，像广州、福建这些地方去的人多。”（A8，女，46岁，苗寨商业街饭馆服务员）

第四，随着旅游业的发展，居民也关注到游客带来的负面效应，并试图加以治理和改善旅游环境。在社区的环境维护和秩序方面，更多的村民关注到负面效应，并通过条例和乡规民约的方式加以治理。

“古巷内的卫生环境真的太差了，有的商人乱丢垃圾，随意排放污水，西江外面看起来光鲜亮丽，一进古巷就臭气熏天，到处是生活垃圾”。（A9，女，48 岁，平寨村，旅行摄影店老板）

“发展旅游之后游客越来越多，以前寨子里是我们西江村本地常住人口，现在一到节假日到处都是外地游客。这人一多问题也就多了，有些当地老百姓宰游客、强行拉游客吃饭住宿，有些游客踩踏老百姓家的田地，所以后面出的这个乡规民约不光是针对本地老百姓，在一些内容和细节上同样对游客也提出了一些要求。”（A10，李主任，男，42 岁，西江千户苗寨村干部）

第五，随着旅游的发展，居民的民主和维权意识加强。社区居民意识到个人利益诉求可以不通过寨老、不通过鼓藏头而直接向村民委员会、村支部等部门反映；村民代表的意见可以被采纳。即现代乡规民约赋予了社区居民监督、参与选举等基本权利，促进了社区居民“主人翁”意识的提高。

“现在有事也会请寨老出来说两句话，但是当涉及旅游收益分配、房屋土地纠纷这些钱和权等比较棘手的问题时，寨老也解决不了，加上现在村里面有村委会、管委会、旅游公司，一般这些事情大家都会直接去找村干部或者派出所、法院解决。”（A10，李主任，男，42 岁，西江千户苗寨村干部）

“我们这个组都有寨老，但是现在没有什么权力了，一般有什么意见都是村委会商量讨论好。加上寨老平时也不怎么管事，有重大节日活动的时候才会出来。所以现在有事情，一般都是找政府解决，不找寨老。”（A11，文奶奶，女，64 岁，南花村村民）

“我感觉旅游发展以后什么人都有了，现在西江搞得越来越好。有些稍微有点文化，或者家里面稍微认识点人的，不再像以前那样种田养猪，都开始参与村选举或者去旅游公司上班等。”（A12，唐公，男，62 岁，西

江鼓藏头）

第六，旅游发展加大了女性群体对经济支配的权利，提高了当地社区女性权利地位。苗族由母系社会发展至父系社会，苗族历史上女性地位甚至高于男性，是苗族物质文明和精神文明的主要创造者。随着现代乡规民约的推行和乡村旅游的发展，在一定程度上促进了女性平权意识的提高，具体表现为：其一，旅游业发展提高了女性参与社区治理意识。随着旅游业的发展，部分外出务工和求学的年青一代的苗家妇女见识或承担过不同于在家庭中和村寨中的社会角色，开始意识到女性可以参与到社会性的商业生产活动中来。即部分女性开始参与到诸如竞选村干部和村民代表、参与旅游经营就业等社会活动中。其二，旅游业发展促进了女性就业。一方面，在传统苗族社会习惯中，芦笙（苗族乐器）只能由男性来演奏，为保证旅游市场的良好发展，西江千户苗寨结合实际情况，在原有歌舞形式和内容基础上创作出一种可以由女性来吹奏和表演的芦笙舞。另一方面，随着旅游业的发展，传统苗绣被开发成一项重要的旅游文化产品。一般的传统苗绣是苗族女性在结束农活或农闲时间，用来制作家用衣物等的一项技艺，通常是由女性掌握和传承的。在旅游发展过程中的苗族女性结合自身刺绣技艺，制作成各种背包、鞋垫、裱画等文创产品进行售卖。即乡村旅游的发展能在一定程度上帮助女性就业，并在此过程中享受旅游发展所带来的红利，当地发展旅游业增加了女性的就业率与收入，女性获得感有所提升。

“我是刚嫁过来的，我旁边做绣活的姑娘也是新婚，都挺喜欢这里的，女性受到尊重。这边寨子旅游发展得比我们那儿好，工作也好找，上班有收入，自己生活上自在些。”（A13，女，23 岁，苗寨商业街饭馆服务员）

4.1.3 风险应对能力

第一，多元化的收入来源增加了社区居民的风险应对能力。

首先，居民既可通过出租房屋土地、领取民族文化保护经费获得收入，也可借助自家房屋和政府提供的公益性摊位经商，还可以根据自身才艺参与景区表演（如飞歌演唱、刺绣展示、银饰锻造、芦笙表演等）。

“旅游开发前当地人主要靠种地和外出打工为生，政府将景区内311个摊位以抽签的形式优先出租给当地居民。”（A14，男，32岁，旅游公司管理人员）

其次，为老人创造增加收入的机会，如70～77岁本村居民可以在嘎歌古街老人堂表演。这个表演项目非常具有本地特色，受到很多文化探寻型旅游者的青睐。

“发展旅游好哇，嘎歌古街老人堂就是为老人搞的，70多岁的有好几个，在农村，老人家农活做不了了，就只能看娃仔，靠儿女养，现在好了，老人家也能靠自己的才艺获得经济收入。”（A15，男，68岁，副食店老板）

最后，政府提供强有力的保障措施。由政府牵头成立的旅游扶贫公司，每年为帮扶村提供100万元以上专项资金，残联给予部分困难居民每年2万元的补助。

第二，目前，管理协商制度和苗族民族个性形成较为稳定的社区治理体系。首先，苗族人民热情好客，当地居民与外来游客冲突较少、邻里和睦。且当地民族文化氛围浓厚，居民对当地文化认同感高，传统治理方式传承千年。其次，西江苗寨的寨老制、老年协会和公司治理是较好的冲突解决方式，促进社区较好的发展。旅游社区产生冲突主要原因是利益分配不均、外来文化冲击、景区发展限制，冲突主要来自政府、旅游公司与社区居民等权利主体。寨老制的参与能在一定程度上避免和化解景区与社区的冲突。在就业和利益方面，寨老制提供了就业渠道和就业机会。如寨老制下组建敬酒表演团队，旅游公司按月发放工资，共带动300名左右的弱势群体参与旅游业。在重大利益分配上，老年协会代表社区居民同各个利益相关主体进行谈判，以协会组织而非个体的形式参与旅游业，极大地增加了社区的谈判筹码。一方面，旅游管理主体利用苗族文化打造的旅游产品须经寨老把关。另一方面，老年协会是社区居民与政府、公司等主体实现良性沟通的桥梁。这样避免了在应对旅游冲突时采用过于强硬的政策和管理手段激发社区居民抗议。寨老制可以通过道德教化实现与社区居民的良性沟通，化解旅游社区内的矛盾冲突，寨老也更容易得到社区居民的拥戴。

第三，较好地保护了西江千户苗寨的传统木质建筑、传统文化资源以及生态环境资源。首先，当地旅游景区建设、社区基础建设较好。居民生活方式更为现代化，对能源需求多元化，天然气能源、太阳能能源、电力能源普及，对薪火资源的依赖降低。其次，重视生态资源的保护。西江寨乡规民约第三十七条规定：“村民不得在公共场所和公共通道倾倒垃圾（如绿化带、河滨道、芦笙场、村寨山和排污沟渠道等），发现一次，罚款50～100元，并要求其自行清理。”郎德寨乡规民约规定“每偷盗、投毒别户鱼一尾缴纳违约金30元，每次缴纳不低于100元（不管得与否）”。西江寨“四个一百二”乡规民约第十三条规定：“村民要爱护村辖区内自然资源，严禁在白水河流域和支流炸鱼、电捕鱼、毒鱼，违反规定的，除没收渔具和赃物外，按每人‘三个一百二’处罚。”第二十条规定：“村民要爱护景区的环境卫生，遵守门前‘五包’制度，一日一小扫，三天一大扫。严禁在景区内敞放养家禽家畜，发现一次按‘一个一百二’处罚。严禁在景区内主干道和分支步道晒粪、堆积杂物，违反规定的，除责令清除外，按‘一个一百二’处罚。严禁往河道及周边倒垃圾杂物，违反规定的，除责令清除外，按‘一个一百二’处罚。”第三十条规定：“村民不能私自带火上山，确需在山上用火从事生产的，要提出用火管理措施并书面向村民委员会申报用火登记方可上山用火。在本村辖区内发生山火的，按‘四个一百二’处罚。”虽然苗族长期处于封闭状态，村民的文化水平不高，但社区在树立生态保护意识方面发挥了重要的治理作用，间接为后期梯田、山水河流、吊脚楼等旅游资源的形成提供前期保障。苗族社区以木质结构住房为主，主要生计活动处于“靠山吃山、靠水吃水”的状态，居住活动环境好坏关乎社区日常生产、生计活动的有序进行。乡规民约中视“树木”等自然万物为神灵，其中有禁止随意砍伐、破坏大自然的一草一木的规定。再次，社区重视对传统文化的保护，是苗寨旅游开发能否可持续发展的重要保障。2008年郎德上寨制定的乡规民约，将文化保护管理作为一个章节单列出，体现了其高度重视传统文化和文物保护。以每13年一次的鼓藏节为例，鼓藏节出现在夏王朝时期，是苗族最隆重的节日。鼓藏仪式由鼓藏头执行，寨老等负责选定时间及天数。这些极具民族特色的节事活动得以留传至今，离不开寨老制的传承，鼓藏节也因此成为苗寨最重要的人文旅游资源之一。随着旅游业的发展，西江苗寨和周边区域更加重视传统节庆、传统仪式和传统服饰等非物质文化遗产保护工作。这种重视以及在此基础上的传承保护和创新性利用，进一步提高了苗寨的旅游吸引力，增强了旅游社区的发展活力。

4.2 景社分离型旅游社区的自我可持续发展能力

古北口镇的司马台长城景区吸引大量海内外游客，而长城脚下的司马台村是景区的旅游主要接待地。随着旅游业的快速发展，尤其是开通京承高速后，司马台村落后的设施条件和接待能力无法满足旅游发展的需求。2010 年 3 月，经密云县政府批准，北京古北水镇旅游有限公司开始“古北水镇”项目的建设，旨在对司马台景区环境进行综合治理，提升改造传统聚落空间。通过土地流转，其原有的村民住房统一拆迁，之后进行统一规划和设计，每户以自己的土地入股旅游合作社，获得自己的股份。

司马台新村的定位为北京地区以长城文化与自然生态环境有机结合，融长城观光、民俗接待与民俗文化活动等为一体的生态民俗旅游村。司马台村原有 8 个自然村，全村共有 502 户，1153 人。司马台新村总用地面积 23.7 公顷，总建筑面积 94315.7 平方米。其中：居住建筑面积 76914.3 平方米、配套公共建筑面积 7401.4 平方米、民俗接待建筑面积 10000 平方米。新村规划建设住宅楼 119 栋、592 套，其中：二层别墅 105 栋（3 种户型）、312 套，多层 14 栋（4 种户型）、280 套。在整体建设过程中，统一规划设计了交通网络，统一布置了供水、排水、通信设施，统一安排了分户供暖系统，统一布置了公共休闲服务设施。

司马台新村按照“一个民俗村就是一个乡村酒店”的发展理念，本着“住得好、能发展”的原则，新村预留了 10000 平方米民俗公共接待用房，用于民俗接待，实现休闲民俗旅游产业发展规范化、产业化。通过新村建设和规范引导，目前全村初步统计将形成民俗户 230 户、客房 690 间、床位 987 张。新村农民的收入来源，除土地租金以及在“古北水镇”旅游公司务工外，大部分村民将在民俗旅游接待方面获得收入。这将改变司马台村民传统的收入增长模式，为司马台村民的收入持续增长提供支撑。

4.2.1 生计资本获取能力

本书根据已有大量学者对生计策略类型划分进行了研究，其中最具代表性的是根据农业活动（种植、养殖）、非农活动（打工、经商）或组合活动将住户的生计策略划分为纯农型、兼业型、非农型。因此，结合司马台村主要依靠农业、林业、旅游业的实际情况，将当地居民生计策略划分为纯农业型、农业兼业型、旅游业型、旅游业兼业型、其他非农业型（见表4－8）。

表4－8 社区居民的生计类型划分

类型	家庭收入来源	劳动力投入主要方向	代表性生计活动
纯农业型	农业收入>70%	种植业、林业	种植庄稼、果树
农业兼业型	农业收入>50%＋其他	种植业、林业、外出打工	种植农作物、打工
旅游业型	旅游收入>70%	旅游业	经营民宿、餐饮
旅游业兼业型	旅游收入>50%＋其他	旅游业、外出打工	旅游经营、外出打工
其他非农业型	非农收入>70%	其他非农业活动	房屋出租、征地补偿

第一，纯农业型农户。现在依旧保持着纯农业型生计策略的居民数量非常少。究其原因，在2010年中青旅集团正式进入司马台村，与密云县政府共同启动了旅游综合度假区的项目建设，绝大部分土地被收回，因此没有土地的当地居民没有办法从事农业相关生计活动。第二，农业兼业型农户。同样，该类的农户比例也很少，根据考察结果仅有少量的农户目前保持这样的生计策略，但很多家庭的实际状况是父母在家务农或经营民宿，子女外出打工，这种家庭生计策略会在旅游业兼业型中详细论述。第三，旅游业型农户。该类型生计策略的农户占绝大多数，比例达到73.02%。主要的生计方式表现为经营民宿及餐饮、在景区工作，以及间接参与旅游经营，如经营超市、食品批发等。该类型的农户大多经营状况良好，对目前的生活非常满意，也是司马台村的主要高收入群体。第四，旅游业兼业型农户。该类型的农户有一定的占比，达到7.94%。实地调研发现有一些家庭成员比较多的农户（5口人及以上），父母在家经营民宿和餐饮，儿女外出打工，在市内或者村镇事业单位、景区等有稳定工作。第五，其他非农

业型农户。该类型的农户占比位居第二，达到14.29%。根据实际访谈的情况来看，这类农户目前所从事的生计活动以房屋出租为主，同时一些年纪较大的老年人已丧失了工作能力，在家养老。

本书通过对司马台村的调查，将其资本按可持续生计框架中生计资本划分，分别计算每个资本层面及其平均值的极大值、极小值、均值，并进行分析（见表4-9）。

表4-9　司马台村可持续生计资本描述性统计量

	N	极小值	极大值	均值	标准差
金融资本	95	8	15	13.07	1.823
物质资本	95	6	9	8.15	0.875
人力资本	95	16	23	19.92	1.889
社会资本	95	12	20	16.85	1.851
自然资本	95	7	12	9.23	1.340
金融平均	95	2	4	3.27	0.456
物质平均	95	3	5	4.07	0.437
人力平均	95	3	4	3.32	0.315
社会平均	95	2	4	3.37	0.370
自然平均	95	2	4	3.08	0.447

资料来源：通过问卷数据统计得出。

（1）金融资本

当地居民对社区拥有的金融资本总体感知均值为13.07，平均均值为3.27，平均值处于李克特量表3~4分，分值较低，对于旅游对其经济条件改善的认知一般。

居民收入差距加大，如表4-10中题Q9-6所示，认可占比40%，一般占比达到60%。收入差距加大，尤其是通过改造迁徙后，蔡家窝铺距离古北水镇最近，其次为沙岭，最远的是小岭村，一定程度上造成了收入的差异。原来1队和2队的居民一起生活在当初的古北水镇景区内。这两个生产队的居民除了从事农业生产以外，根据调查结果还有另外一部分居民从事纪念品和土特产售卖的旅游相关生计活动，他们也是古北水镇最早一批接触旅游活动的居民。同样，在2010年古北水镇项目开发后，搬迁到现在的沙岭，还有一部分1队的居民和原8队的居民共同居住在小岭，目前都在从事民宿、餐饮。还有一部分高龄的当地居民，在2010年古北水镇开发后，由于丧失了劳动能力，直接选择了养老，目前的生活经济来源除了养老补助、农田补助就是儿女的接济了。

表4-10　司马台村居民对金融资本的感知

感知		题项			
		Q9-6 收入差距拉大了	Q11-1 旅游发展加大了女性群体对经济支配的权利	Q10-1 个人收入的满意度	Q10-2 家庭收入的满意度
不认可（%）	非常不同意	0	0	5.3	5.3
	不同意	0	0	26.3	15.8
一般（%）		60	83.2	16.8	22.1
认可（%）	同意	40	11.6	51.6	56.8
	非常同意	0	5.3	0	0

资料来源：通过问卷数据统计得出。

“我们家里有五口人，儿子在外打工，目前是我和爱人还有儿媳妇在经营民宿，并带一个孩子。原先家里有1亩左右的农用土地，现在每年能拿到2000元左右的农田补助，经济来源比较单一，非常依赖民宿经营。我们是古北水镇景区里的居民，除了务农以外在景区里也有自己的小买卖，卖一些土特产、纪念品，但是现在搬迁了之后，因为位置原因，同样经营民宿但贫富差距太大。”（B1，女，46岁，沙岭2队大姐）

对个人收入的满意度有较为明显差异，如表4-10中题Q10-1所示，不认可占比31.6%，一般占比16.8%。家庭收入的满意度与个人收入满意度较为一致，如题Q10-2所示，不认可占比21.1%，一般占比22.1%。部分访谈对象还对区位带来的收入差异衍生了其他问题的观点。

“我们这小岭地方偏，不如蔡家窝铺生意好，淡季咱这女的都在家看着生意，男的到密云区里打工。”（B2，女，48岁，沙岭一农家乐老板娘）

“收入比以前多了，收入差距大了，村头的位置好，游客来了离他们近。”（B3，男，52岁，蔡家窝铺居民）

旅游发展对女性群体经济支配权的加大有所体现，如表4-10中题

Q11－1 所示，一般占比 83.2%，认可占比 16.9%。地理位置较为偏远的小岭与地处入口区的蔡家窝铺居民均表示，本地没开发旅游之前对女性地位也是认可的。

（2）物质资本

当地居民对社区拥有的物质资本总体感知均值为 8.15，平均均值为 4.07（见表 4－9），平均值处于李克特量表 4～5 分，分值较高，对于旅游对其物质基础和生活条件的改善是认可的。

居民生产方式由农业变为其他，如表 4－11 中题 Q9－1 所示，认可占比达到 84.2%，一般占比 15.8%。实际调查中发现，原 1～5 队居民与原 6～8 队居民经过整体搬迁，现居住于蔡家窝铺的联排别墅或楼房中，以前拥有农田，现在只有所居住的房屋，旅游改变了其生产经营方式。

表 4－11　司马台村居民对物质资本的感知

感知		题项	
		Q9－1 生产方式由农业变为其他	Q11－11 景区周边的基础设施得到改善
不认可（%）	非常不同意	0	0
	不同意	0	0
一般（%）		15.8	10.5
认可（%）	同意	48.4	84.2
	非常同意	35.8	5.3

资料来源：通过问卷数据统计得出。

“我们家农家乐开得比较早，八几年我们就在饭馆打工，2011 年开了这家农家乐，收入一下子就多了，收入是种地时的 10 倍，一年能挣十几万元。就我们老两口干，忙的时候儿子回来搭把手。村里折迁给了房就不给钱了，当时是按照每人 45 平方米分，我家三口就是 135 平方米，现在这房子是 210 平方米，其余的都是我们自己买的。以前人挣得少，有几个能一下掏出那么多钱？没折迁之前我们家有个院子，正经的四合院，四间正房，大气得很，不过那时候也没啥钱，大家都是农民，就种地，家里也没啥值钱的家当，也就是一些农用工具，家里条件好的多几头牲口。1994 年之后开始奔小康了，到 2000 年基本上家家都有些小家电了，好点的家里多辆摩托车，10 年之后发生了翻天覆地的变化，水电都普及了，做饭也用煤气了，家里也有了大电视。”（B4，沙岭 7 队，65 岁大娘）

“现在我们家里有 4 口人，原先有一个院子，8 间房，拆迁改造后，分得 160 平方米 2 层民宿一套，70 平方米楼房一套。目前，生活来源有民宿收入、养老补助和农田补助，年人均收入 2 万元。挣钱来源变化大，以前务农，现在经营民宿，收入比以前多很多。”（B5，沙岭 6 队，58 岁大爷）

“生活变化很大，从务农到经营民宿，方式和收入都发生了翻天覆地的变化，现在店里还雇了厨师和面点师。”（B6，沙岭 6 队，55 岁大娘）

景区周边的基础设施得到改善，如表 4 – 11 中题 Q11 – 11 所示，认可占比高达 89. 5%，一般占比 10. 5%。当地居民可以享受到旅游发展带来的福利，如旅游可进入性提高意味着当地居民出入更加方便。楼房住户不能合法经营农家乐，其经济收入与联排别墅住户合法经营农家乐的收入有差距，因此导致楼房住户比联排别墅住户态度更加消极。走访调查时发现这片地住的多为老年人。

“老头老太太的，吸引不来客人，人家也不让楼房接待客人。不过我们也不用种地了，每天在楼下晒晒太阳，每个月 630 元，住楼房环境好了。”（B7，沙岭 7 队，75 岁大爷）

对于出租房屋供游客居住这一点，各家的差异性比较大。一方面是营销的差异，另一方面也有自身经营和政策的差异。

“三四年前不让住了，派出所来查过。现在楼房搞民宿让住了，游客少了。”（B8，女，70 岁，沙岭 7 队大妈）

（3）人力资本

当地居民对社区拥有的人力资本总体感知均值为 19. 92，平均均值为 3. 32，平均值处于李克特量表 3 ~ 4 分，分值一般，旅游对其人力资本的影响一般。旅游发展激发当地居民学习普通话和外语的热情，如表 4 – 12 中题 Q11 – 3 所示，认可占比 29. 5%，一般占比 60%。在实际调查中发现，当地居民所讲方言与普通话差别较小，学习英语的热情比较高。

“我们这儿离司马台长城不远，有时还接待老外，会一两句英文挺好。

与老外沟通用两句英语，立刻客人的态度就变了。”（B9，男，40岁，蔡家窝铺7－3老板）

当地政府每年至少组织一次关于民宿经营、厨艺等方面的培训，社区居民普遍愿意参加旅游职业技能培训，如表4－12中题Q11－5所示，认可占比89.4%。接受旅游方面教育的机会增多，如表4－12中题Q11－6所示，认可占比67.4%。外来游客对当地文化造成冲击，如表4－12中题Q11－8所示，不认可占比66.3%。景区发展使当地人文明素质提高，如表4－12中题Q11－12所示，认可占比33.7%，一般占比55.8%。当地居民认为旅游发展会带来学习机会，也愿意通过培训提升自身能力。同时，旅游发展对当地人文明素质的提高起到一定作用。

表4－12　司马台村居民对人力资本的感知

感知		题项				
		Q11－3旅游发展激发当地居民学习普通话和外语的热情	Q11－5您愿意参加旅游职业技能培训	Q11－6接受旅游方面教育的机会增多	Q11－8外来游客对当地文化造成冲击	Q11－12景区发展使当地人文明素质提高
不认可（%）	非常不同意	0	0	0	6.3	0
	不同意	10.5	0	0	60.0	10.5
一般（%）		60.0	10.5	32.6	33.7	55.8
认可（%）	同意	11.6	78.9	62.1	0	33.7
	非常同意	17.9	10.5	5.3	0	0

资料来源：通过问卷数据统计得出。

（4）社会资本

当地居民对社区拥有的社会资本总体感知均值为16.85，平均均值为3.37，平均值处于李克特量表3~4分，分值一般，旅游对其社会资本的影响一般。旅游促进当地居民与外界文化的交流，如表4－13中题Q11－2所示，认可占比68.5%，一般占比31.6%。旅游发展使当地村民的思想更加开放，如表4－13中题Q11－9所示，认可占比28.4%，一般占比71.6%。旅游发展使当地社会交往空间扩大，如表4－13中题Q11－14所示，认可占比33.7%。提高社会对当地安全问题的关注，如表4－13中题

Q11－16 所示，不认可占比 10.5%，一般占比 66.3%。旅游对当地居民的社会关系影响较大，拓展了当地居民社会交往空间，与外界接触更为频繁。

表 4－13　司马台村居民对社会资本的感知

感知		题项				
		Q11－2 旅游促进当地居民与外界文化的交流	Q11－9 旅游发展使当地村民的思想更加开放	Q11－14 旅游发展使当地社会交往空间扩大	Q11－15 旅游发展使当地外出打工人数减少	Q11－16 提高社会对当地安全问题的关注
不认可（%）	非常不同意	0	0	0	0	0
	不同意	0	0	5.3	15.8	10.5
一般（%）		31.6	71.6	61.1	37.9	66.3
认可（%）	同意	63.2	28.4	33.7	34.7	23.2
	非常同意	5.3	0	0	11.6	0

资料来源：通过问卷数据统计得出。

但是同时，旅游的发展对邻里之间关系产生影响。通过访谈调查了解到，1989 年之前，认为邻里之间关系往来密切；1989—2000 年，认为邻里之间保持关系往来密切的仍是普遍情况；2000—2010 年，仅有一半的访谈对象认为邻里之间关系密切；2010 年至今访谈对象普遍认为邻里之间的密切程度在下降。究其原因有以下两个方面：第一，随着生计策略选择的丰富，邻里之间的贫富差距加大。尤其是在 2013 年，古北水镇正式营业之后，贫富差距加大。第二，有农户表示是政府不作为，最明显的体现在度假区规划后的农户家庭排列位置，排列在前、靠近马路主路的家庭平均年收入多达 20 万元，而靠后的家庭，平均年收入只有 5 万元，甚至有一些家庭已经无法经营，正考虑向外承包。

（5）自然资本

当地居民对社区拥有的自然资本总体感知均值为 9.23，平均均值为 3.08，平均值处于李克特量表 3～4 分，分值一般，旅游对其自然资本的影响一般。自然环境得到有效保护和开发，如表 4－14 中题 Q11－17 所示，一般占比 54.7%，认可占比 11.6%，不认可占比 33.7%。实际调查中发现，居民抱怨当地水污染问题。

表 4－14　司马台村居民对自然资本的感知

感知		Q11－17 自然环境得到有效保护和开发	Q11－18 当地人的环境保护意识增强	Q11－19 人多嘈杂、交通堵塞
不认可（%）	非常不同意	0	0	0
	不同意	33.7	16.8	0
一般（%）		54.7	38.9	93.7
认可（%）	同意	5.3	38.9	6.3
	非常同意	6.3	5.3	0

资料来源：通过问卷数据统计得出。

“马路虽然看着干净了，但路旁的河水可没以前好了。自己喝的水也感觉味道不好了。”（B10，女，35 岁，蔡家窝铺住楼房村民）

“这几年我来亲戚家帮忙，感觉这里卫生可以，每天大队有安排，老爷子送垃圾，路边垃圾很少。就是道路有点儿窄，河水水质有点污染。”（B11，男，22 岁，蔡家窝铺村民）

当地人的环境保护意识增强，如表 4－14 中题 Q11－18 所示，认可占比 44.2%。尤其是为了维护当地的旅游环境，居民的自觉环境保护意识显著提高了。

“买菜，西红柿每斤 5 元，我这刚买三个就 15 元。卫生好，小孩儿都知道捡起纸片儿，外地游客都没注意。”（B12，女，50 岁，沙岭 7 队村民）

一般其他旅游社区容易存在人多嘈杂、交通堵塞等问题，在这个社区的感知并不明显，如表 4－14 中题 Q11－19 所示，认可占比 6.3%，一般占比 93.7%。旅游开发没有让居民强烈感知到私人空间和当地资源被占用，并产生厌烦和抵抗情绪。

4.2.2　主体增权与就业能力

从司马台村发展的主体增权与就业能力看，有 3 个方面的特征：第一，村民普遍失去了土地种植的权利，相应地，吸引物权还未能全面落实。司马台村通过土地流转，村民失去基本的主体权利凭借。以前是“土地+”，农闲时村民可以外出打工，现在是“旅游+”，旅游淡季时可以打工、休闲等。第二，受劳动力自身条件的限制村民能够参与旅游就业的差异较大。旅游行业虽然准入门槛低，但是对劳动能力、新技术掌握能力（如住宿预订、平台使用等）有一定的要求。还有一部分当地高龄的村民，在2010年度假村开发后，由于丧失了劳动能力，直接选择了养老，目前的生活经济来源除了养老补助、农田补助就是儿女的接济了。第三，资金与地理位置对旅游经营有一定影响，别墅比楼房贵，旅游初期的住宿和餐饮需要投资。不同村落的区位影响以及同一村落内的区位差异影响在前面的访谈中已被村民多次提及。此外，开发商通过租赁得到村中空置的联排别墅，并通过集团化运营将空置的联排别墅改造为麦语云栖精品度假别墅。精品度假别墅的装修精细程度和预订系统都比村民自己经营的住宿设施更能迎合消费者的需求，因此，这对社区居民经营的住宿设施形成了一定的竞争。

“我们家哪有钱啊，有那个资金实力的早就选择买楼房和别墅两种户型，而我们只能买后面的楼房。”（B13，女，35岁，蔡家窝铺住楼房村民）

综合考虑，参与旅游业的主要方式是“住宿+餐饮”，不能直接参与的限制因素是劳动力，最后超过六成的居民认为利益分配“一般”，这说明旅游社区的可参与性比较高，餐饮和住宿是主要收入来源，还有近三成居民认为分配不合理。

4.2.3 风险应对能力

第一，收入多元化是居民家庭内部应对风险的有力保障。当地居民在2010年之前以种植农作物为主，包括种植粮食作物和果树。2010年政府在启动了古北水镇国际休闲旅游综合度假区的项目建设后，由于土地被征用，当地居民没办法从事农业活动，因此选择了与旅游业相关的服务产业，基本以经营民宿和餐饮为主。司马台村的绝大多数居民完成了从纯农业型生计活动到旅游业生计活动的过渡。整体收入更加多元化，同时生活地点和方式的选择也更加多样化，提高了风险抵御的能力。

“娱乐方式变化不大，和农闲一样打牌、下棋、聊天……就是不再种地了，大家想法多了，家里有钱就买前边的别墅做农家乐。像后边楼房不让搞住宿，就自己住，外出打工。上边派人来教过怎么做饭，菜单都是教我们制作的。我家那口子不干这个，他有工作。”（B14，女，42 岁，蔡家窝铺村民）

第二，社区内部组织是应对风险的直接作用组织。总体上社区的保障能力较强。但是随着收入分配差距的扩大，社区成员对组织的信任程度也出现一定的差异。这实际上是给社区发展埋下了一定的隐患。

第三，在养老保障制度和孩子教育方面，政府提供了相应的保障。户口已经农转非的居民参加城镇居民医保，达到退休年龄的居民每月领取养老金 2000 元左右；如果还是农村户口的居民，享受农村医保，达到退休年龄的居民每月领取养老金不足 1000 元。受撤乡并镇等因素的综合影响，2010 年之前村里有一所小学，现在搬迁到古北口镇，幼儿园也搬迁到古北口镇，距离村里 10 多千米，小学生全部住宿，幼儿园孩子每天来回接送，给社区居民带来了不便。尤其是教育因素，实际上社区人口呈现出向城镇迁徙的趋势。

“国家给 700 多元，与旅游无关。还有不方便的，买菜贵了，以前有地自己种省钱。孩子上学得接送，现在孩子上学远了，村里没有教室了。”（B15，男，65 岁，蔡家窝铺村民）

“现在孩子上学是个非常大的问题，我儿子和儿媳只能带着孙子在城里住，方便孩子上学。这边最近的学校都要十几公里，医院更别提了，看个病还要上密云。”（B15，女，80 岁，沙岭村民）

“搬过来之后老人、小孩不方便，医疗、教育不方便，根本就没有医务室，就一家药店还在沙岭，离我们这里还有二里地，不能输液，药都不齐，孩子每天得送去古北口镇上学，几家凑钱来回接送就得 14 元每个人。”（B16，女，52 岁，小岭村民）

第四，当地居民的身份变化存在特殊情况，他们并没有因为生活习惯、生产方式、新迁住址而全部转为非农户口，非农户口只有一部分名额，需要靠抓阄得到，且有资格抓阄的也只有5个队。所以他们当中的居民分为已经农转非的居民和没有农转非的居民。对于已经农转非的居民来说，虽然在物质生活方面他们体验到了城镇化的便利，但是城镇化并没有让他们产生归属感。他们仅仅是在客观身份、生活习惯、生产方式上发生了改变。虽然他们在社会保障制度方面相对没有农转非的居民来说较稳定一些，但是相对于居住在城市中的非农户口居民来说，因为城市文化无法渗透其生活，他们还对城市人的身份产生了怀疑，所以不认同自己城市人的身份，仍旧固守原有的农村人身份。对于没有农转非的居民来说，整体搬迁给他们的物质生活带来了便利，他们在生活方式上已经从“农村式”向“城里式”靠拢，他们虽然主观上觉得自己就是个城里人，但他们的客观身份依旧是农村人，没有得到改变，导致其中一些人觉得自己身份不上不下，介于城里人和农村人之间，他们渴望有改变身份的机会。

第五，整个旅游社区对古北水镇的依赖性较强，也意味着风险性较高。根据调查结果，司马台旅游度假新村属于完全的景区依赖型社区，当地农户现在没有可耕种的农业土地，大多选择旅游业型和旅游业兼业型的生计策略，完全依赖于景区的发展。古北水镇的发展不仅在于其自身的经营，也面临着周边的竞争。

第六，环境污染导致未来的环境支撑系统逐渐弱化，影响其持续发展。当地居民反映2010年司马台旅游度假新村项目开始后环境污染日益严重的问题。虽然道路主路及路旁人行道较为整洁，但是河道有大量的生活垃圾，并有轻微的刺激性气味。垃圾桶、垃圾箱等硬件设施数量较少，并且没有垃圾集中处理点。虽然当地居民表示现在有专门的垃圾处理部门，但是从结果来看，环境保护方面的工作效果并不是非常理想。另外，当地农户所经营的餐饮服务，以烧烤为主，在一定程度上对大气也有污染。从这个角度出发，只有保护好自然环境，才能使旅游社区实现可持续发展。

4.3 景社半分离型旅游社区的自我可持续发展能力

古北口村是以满族、回族为主的多民族聚集的少数民族村，依托古北口镇城、古北口瓮城、杨令公庙、财神庙、三眼井、七郎坟、古戏楼、古御道、琉璃影壁等历史文化景观，同时大力发展民俗旅游，并带动林果、农副产品和手工艺发展，已成为集古长城观光与民俗游、生态游于一体的旅游胜地。

4.3.1　生计资本获取能力

本书通过对古北口村的调查，将其资本按可持续生计框架中生计资本划分，分别计算每个资本层面及其平均值的极大值、极小值、均值，并进行分析（见表4－15）。

表4－15　古北口村可持续生计资本描述性统计量

	N	极小值	极大值	均值	标准差
金融资本	152	3	15	11.07	2.332
物质资本	152	10	25	21.72	3.278
人力资本	152	5	23	16.98	3.184
社会资本	152	6	19	13.30	1.797
自然资本	152	8	20	10.47	1.726
金融平均	152	1	5	3.69	0.777
物质平均	152	2	5	3.62	0.546
人力平均	152	1	5	3.40	0.637
社会平均	152	2	5	3.32	0.449
自然平均	152	2	5	3.49	0.575

资料来源：通过问卷数据统计得出。

（1）金融资本

当地居民对社区拥有的金融资本总体感知均值为11.07，平均均值为3.69，平均值处于李克特量表3～4分，分值一般，当地居民对旅游业对其经济条件改善的认知是一般。当地居民对金融资本的感知包括表4－16中题Q1景区使当地居民获得更多雇佣机会、题Q2旅游发展为当地带来更多就业机会、题Q3旅游收入在家庭总收入中比例增加。题Q1认可占比80.9%，题Q2认可占比77%，题Q3认可占比47.4%。当地景区需要服务人员，如讲解员、售票员、管理员等，本村居民均可报名，景区服务人员归村委会管理。也有部分居民回乡参与旅游建设，创造更多就业岗位。

表 4-16 古北口村居民对金融资本的感知

感知		Q1 景区使当地居民获得更多雇佣机会	Q2 旅游发展为当地带来更多就业机会	Q3 旅游收入在家庭总收入中比例增加
		题项		
不认可（%）	非常不同意	1.3	2.0	3.3
	不同意	9.2	8.6	16.4
一般（%）		8.6	12.5	32.9
认可（%）	同意	60.5	58.6	37.5
	非常同意	20.4	18.4	9.9

资料来源：通过问卷数据统计得出。

“我回家乡发展旅游，自己做导演，排练舞蹈，继承和发扬咱老祖宗留下来的东西，七八十岁的老人也可以加入表演队。”（C1，男，30 岁出头，返乡导演）

随着旅游服务产业链的延伸，社区卫生清洁、餐饮食材供应、住宿床具清洁等都需要人手。因此，居民对于就业机会的认可在 80% 以上。与此同时，古北口村也与西江千户苗寨类似，距离核心吸引物较远的住宿和餐饮商业机会减少。这些区域的社区居民甚至无法参与到旅游餐饮住宿经营中。因此旅游收入对家庭收入的影响分两个极端，不认可的被调查对象占 19.7% 的比重，认可的被调查对象占 47.4%。

（2）物质资本

当地居民对社区拥有的物质资本总体感知均值为 21.72，平均均值为 3.62，平均值处于李克特量表 3~4 分，分值一般，当地居民对于旅游业对其物质基础和生活条件的改善是相对认可的。当地居民对物质资本的感知包括表 4-17 中题 Q16 用于旅游经营的土地/房屋/园地增加、题 Q17 景区周边的基础设施得到改善（如水利、电力、网络通信、道路等）、题 Q18 旅游交通工具多样化、题 Q19 道路级别提升、题 Q20 旅游道路标识牌增多、题 Q21 交通信息化（如导航仪）。其中，题 Q16 认可仅占比 4.6%、一般占比 17.8%，题 Q17 认可占比 57.3%，题 Q18 认可占比 59.8%，题 Q19 一般占比 40.8%，题 Q20 认可占比 92.7%，题 Q21 认可占比 79.6%。

总体景区发展后居民生活条件有所提升。这些方面对住宿业的影响最明显。与司马台村拆迁后整体规划的回迁或者购买房屋不同，西江千户苗寨与古北口村未经历搬迁的过程，主要是居民在自家宅基地自建房屋。调研期间发现，古北口村基本没有小摊贩、没有街边售卖旅游纪念品等，一方面是由于古北口村对村容村貌和规划管理较为严格，另一方面可能是受游客量的影响。

表 4－17 古北口村居民对物质资本的感知

感知		题项					
		Q16 用于旅游经营的土地/房屋/园地增加	Q17 景区周边的基础设施得到改善	Q18 旅游交通工具多样化	Q19 道路级别提升	Q20 旅游道路标识牌增多	Q21 交通信息化（如导航仪）
不认可（%）	非常不同意	17.8	4.6	1.3	8.6	0.7	3.3
	不同意	59.9	13.8	6.6	36.2	2.6	9.9
一般（%）		17.8	24.3	32.2	40.8	3.9	7.2
认可（%）	同意	4.6	42.8	48.0	7.9	61.8	59.9
	非常同意	0	14.5	11.8	6.6	30.9	19.7

资料来源：通过问卷数据统计得出。

（3）人力资本

当地居民对社区拥有的人力资本总体感知均值为 16.98，平均均值为 3.40，平均值处于李克特量表 3～4 分，分值一般，旅游对其人力资本的影响一般。当地居民对人力资本的感知包括表 4－18 中题 Q4 旅游相关部门对当地人的培训增多、题 Q5 居民素质的提高、题 Q6 居民参与培训的主动性、题 Q7 返乡经营乡村旅游业的青壮年增多、题 Q8 商业化导致当地传统文化的消退。其中，题 Q4 认可占比 53.3%，题 Q5 认可占比 71%，题 Q6 认可占比 67.1%，题 Q7 认可占比 71.8%，题 Q8 认可占比 16.5%、一般占比 30.9%。实地调查中课题组重点采访了返乡从事旅游业的郭姓导演，他怀着传播当地文化、回报家乡的梦想返乡，2018 年底与密云区和村委请来的专家合作排练了 3 个舞蹈节目。这些节目参与人员基本是 40～80 岁的当地居民，遇到大型旅游团会穿戴表演服饰，平时一日两次训练。很多老人也参与到当地旅游业中。

“当地人没有那么强的经营意识，我租她的房子，还得装修，原来房东都不愿意。服务能力和创新性不够。你看装修设计就知道了。”（C2，一对浙江年轻夫妻，30 多岁，在北京工作，同时来古北口经营一家民宿）

当地居民虽以满族人居多，但日常交流都是普通话，与西江千户苗寨相比，民族文化特色没有那么鲜明。但在一些地名和菜名等细节之处，仍能看出满族的一些特点。三个案例地都涉及聘请专家对民俗户进行旅游接待和食品卫生等方面的培训。古北口村的居民对培训也持积极态度。

表 4－18　古北口村居民对人力资本的感知

感知		题项				
		Q4 旅游相关部门对当地人的培训增多	Q5 旅游发展使当地居民整体素质得到提高（如外语知识、受教育程度等）	Q6 您愿意参加旅游职业技能培训	Q7 返乡经营乡村旅游业的青壮年增多	Q8 商业化导致当地传统文化的消退
不认可（%）	非常不同意	7.9	2.6	0.7	1.3	13.8
	不同意	15.8	10.5	9.2	10.5	38.8
一般（%）		23.0	15.8	23.0	16.4	30.9
认可（%）	同意	42.1	63.8	55.9	46.1	15.8
	非常同意	11.2	7.2	11.2	25.7	0.7

资料来源：通过问卷数据统计得出。

（4）社会资本

当地居民对社区拥有的社会资本总体感知均值为 13.3，平均均值为 3.32，平均值处于李克特量表 3～4 分，分值一般，旅游对其社会资本的影响一般。表 4－19 中当地居民对社会资本的感知包括题 Q9 思想更加开放、题 Q10 外出打工人数减少、题 Q11 当地对安全问题（食品安全、生命安全等）的关注、题 Q12 外地游客扰乱本地居民生活习惯。其中，题 Q9 一般占比 53.9%，题 Q10 认可占比 77.6%，题 Q11 一般占比 30.3%，题 Q12 认可占比 67.8%。旅游发展提高当地居民安全意识，如关注旅游住宿业的卫生要求。2012 年古北口村成立民俗旅游专业合作社，从宣传、策划到接待均实行规范化、品牌化管理，为民俗户设计制作风格、尺寸、材质一致的户外牌匾；统一制作配送印有密云旅游标识的床上用品，并设立统一洗涤配送站点，在一定程度上保证了餐具、床具的品质与安全。

表 4－19　古北口村居民对社会资本的感知

感知		题项			
		Q9 旅游发展使当地村民的思想更加开放	Q10 旅游发展使当地外出打工人数减少	Q11 提高社会对当地安全问题的关注（如食品安全、生命安全等）	Q12 外地游客的进入扰乱您的生活习惯
不认可（%）	非常不同意	3.9	0.7	12.5	0
	不同意	29.6	2.0	30.9	2.6
一般（%）		53.9	19.7	30.3	29.6
认可（%）	同意	11.2	57.2	22.4	48.7
	非常同意	1.3	20.4	3.9	19.1

资料来源：通过问卷数据统计得出。

（5）自然资本

当地居民对社区拥有的自然资本总体感知均值为 10.47，平均均值为 3.49，平均值处于李克特量表 3～4 分，可见居民对自然资本的感知持较中立的态度。自然环境得到有效保护和开发，如表 4－20 中题 Q13 所示，一般占比 27.6%，认可占比 69%。当地居民的环境保护意识增强，如题 Q14 所示，一般占比 49.9%，认可占比 47.2%。人多嘈杂、交通堵塞，如题 Q15 所示，一般占比 19.7%，不认可占比 77.7%。社区整体环保方面做得比较到位，实地调研中有数位居民反映饮用水有问题、河水污染、道路破损。总体上，古北口村依靠历史资源、自然环境吸引游客，沿文化村落脉络发展，对环境的保护比较到位。古北口村距国道较近，附近蟠龙山长城和卧虎山长城深受外国游客的喜欢，因此将古北口村作为过夜中转点。

表 4-20 古北口村居民对自然资本的感知

感知		题项		
		Q13 自然环境得到有效保护和开发	Q14 当地居民的环境保护意识增强	Q15 人多嘈杂、交通堵塞
不认可（%）	非常不同意	1.3	0	19.1
	不同意	2.0	2.9	58.6
一般（%）		27.6	49.9	19.7
认可（%）	同意	53.9	28.8	2.6
	非常同意	15.1	18.4	0

资料来源：通过问卷数据统计得出。

4.3.2 主体增权与就业能力

古北口村只有 3.9% 的居民不愿意参与旅游业发展，反馈意见是旅游并不是家庭唯一生计，城市户口没有土地、距核心景观区较远、享受不到旅游福利，选择打工会更好。在旅游发展导致当地贫富两极分化的感知中，不同意和非常不同意的居民合计占被调查总数的 17.7%。在实地调研中，社区居民实际上对农业户口和非农户口的感知比较明显，可能这牵扯到两者的养老保险和医疗保险的差异。调研期间，对南菜园子居民访谈时，居民第一反应是不参与旅游业发展，而是主要从事农业生产。

“你们游客是不是走错了，我们这儿不是景区，都是自己住的。”（C3，男女都有，50 岁左右，四人在三眼井旁乘凉）

4.3.3 风险应对能力

一是需要外来资本刺激当地经济发展，缓和社区潜在矛盾。古北口村是景区与社区交集的旅游社区，东队和西队是核心景观区，也是民俗户聚集区；西队的南面南菜园子居民就是城镇户口，西队、东队、二寨等自然村的居民都是农村户口。景社半分离的社区，加之古北口村还有城镇户口、农村户口的区分。景区覆盖不到的社区居民，如城镇户口居民，可以竞争旅游市场提供的岗位。

二是社区内部文化活动能缓和社区冲突，提升居民幸福感。文娱活动方面，居民民俗文化活动增加，古北口村同意的占比45.4%，不同意和非常不同意的仅占6.6%。

“我是古北口村请来教舞蹈的老师，地点在宫灯广场，我的课程老人小孩都跟得上。”（C4，女，33岁，舞蹈老师）

“我刚退休，家里正装修房子准备开农家乐，最近回村里发现健身器材种类增加了，活动广场面积扩大了。还有自发组织的扭秧歌队。今天你们也看到了，下毛毛雨我们带上伞照跳不误。”（C5，女，66岁，西街住户）

三是景区发展对当地物价水平影响小，同意的占比27.3%，一般的占比60.5%。旅游产品（服务）价格波动变小，同意的占比21.7%、一般感知的占比65.8%。这说明当地旅游发展对旅游商品和居民生活影响不大，旅游发展并没有导致当地物价上升。旅游对当地文化多元化影响较大（民族、语言、宗教），居民感知一般占比70.4%，仅有5.9%居民不同意。一方面是由于这个社区属于景区和社区半分离型，旅游业对于社区深层的文化影响并不明显；另一方面是由于部分居民没有参与旅游相关的就业，对旅游发展带来的广泛性影响并无明显感知。

4.4　不同景社关系的社区可持续发展能力比较

4.4.1　类型发展比较

生计可持续性是经济发展的基础，旅游发展是居民生计转型的重要驱动力。本书认为在社区自我可持续发展能力框架下，从资本类别来看，不同景社关系社区重点发展的资本不同。尤其是风险应对能力基层的治理水平至关重要，要求管理者具有较高的管理水平，管理主体同社区及社区居民间的博弈是旅游社区持续发展的关键（见表4－21）。

表4-21 不同景社关系的社区可持续发展能力比较

村落名称	类型	生计资本获取能力	主体增权和就业能力	风险应对能力
西江千户苗寨	景社一体型	①金融资本和物质资本较充裕，得益于独特的省份区位和少数民族政策 ②受旅游发展的刺激，人力资本得到补充，自然资本和社会资本维持压力加大 ③整体资本获取能力较强	①社区总体的组织有自己的系统 ②直接或间接参与旅游就业率较高 ③社区内山下和平地区域参与旅游就业参与分异 ④整体增权和就业能力较强	①景社边界较为模糊，资源综合调配更为容易 ②政府补助措施到位 ③少数民族独特的民族政策 ④环保意识与基础设施建设有助于旅游目的地形象提升，风险性降低
司马台村	景社分离型	①物质资本作用最为明显，部分受制于土地流转，部分极度缺乏 ②社会资本易获得、难维持，受重构现象影响 ③人力资本缺乏，受制于劳动力和经济收入 ④整体资本获取能力较弱	①房屋用途影响主体增权，选择房屋自住的居民难以参与到旅游建设中 ②原始资本和地理位置与就业能力呈正相关关系 ③因分离的地理空间关系，社区参与难度较大	①社区生计主要来源于为景区做配套的餐饮和住宿，同时受景区内部和周边社区的同业竞争影响，风险性较高 ②失去土地，社区对物价波动的警惕保持较长时间 ③居民对基层利益分配的公平性存在一定个人意见
古北口村	景社半分离型	①金融资本和物质资本随核心景区辐射范围而减少 ②自然资本增加，受益于社区分区域开发方式 ③整体资本获取能力一般	①就业能力的主体特征分明，即聚焦在游览主线的常住居民 ②城镇户口与农村户口增权意识一致，实际参与程度相反	①社区内部文化活动缓解潜在矛盾，降低风险 ②社区物价水平的波动对社区影响不大 ③社区基层治理水平较高，风险性降低

西江千户苗寨是景社一体型社区，因地处贵州黔东南、享有中央少数民族政策待遇，金融资本和物质资本较充裕，整体资本获取能力较强。旅游发展增加了居民与外界的交流机会，有利于提升居民自身文明素质。少数民族的特色文化是苗寨核心吸引力之一，外界的好奇欣赏心理和旅游消费激励居民对自身文化的传承。景区社区一体化发展模式中社区这一实体在集社区和景区功能于一体的同时，不以损害社区居民利益为代价，能妥善处理好经营管理主体同社区和居民之间的友好关系。西江景区的核心旅游资源为村落和社区居民在内的苗族文化，具体有：依山而建的吊脚楼、

风雨桥、苗族银饰、蜡染刺绣、每年一度的“吃新节”和13年一次的“鼓藏节”等极具苗族传统农耕文化特色的古村落景观和民族文化习俗。旅游的发展实际上对苗族一些文化的传承起到了良好的促进作用。虽然大量游客的涌入给社区居民日常生产生活带来影响，但西江千户苗寨总体的组织有自己的系统，尤其是实行传统乡规民约与现代公司治理相结合的模式使基层治理取得较好的效果，景社资源争夺得到协调，社区主体权益得到维护。社区的生活空间与景区经营范围高度重合，居民直接或间接参与旅游就业率较高。但是，平地区域有房屋出租、商铺/旅店自主经营或打工等多种旅游就业参与选择，山上受地形地貌和区位影响可选范围大大缩小，故二者参与旅游就业存在差异。主体增权和就业能力较强。苗寨景社边界较为模糊，资源综合调配更为容易。另外，政府补助措施到位，有助于社区社会资本发展。环保意识与基础设施建设有助于旅游目的地形象提升，降低风险。

司马台村是景社分离型社区。经过集体搬迁、土地流转，司马台村居民现在基本没有农业收入，孩子上学不便。居住在村前排别墅区的居民还有用于旅游经营的房屋建筑，有参与旅游业的重要物质资本，参与旅游业的机会较大、风险防范较强。而居住在村后排楼房区的居民则“先天”失去物质资本，加之楼房区多为上年纪的居民，能力和精力成为其参与旅游业的障碍。楼房区居民风险防范能力、主动增权和就业能力弱于别墅区。失去土地，整个社区对物价波动的警惕将保持较长时间。社区生计主要来源于为景区做配套的餐饮和住宿，同时受景区内部和周边社区的同业竞争影响，整体风险性较高。

古北口村是景社半分离型社区，地理区位上和司马台村有相同的特殊性。古北口村基层治理水平较高，风险相对较低。受空间区位和历史因素影响，一条古御道成为景社分离的物理边界，划分出城镇户口和农村户口。农村户口居民有土地资源的优势。同时，被分离出旅游空间范围的城镇户口居民，参与旅游业的机会大大减少。由于这个村的基层管理较为有效，居民没有体现较为明显的利益冲突，对社区发展现状和未来发展都持较为乐观的态度。古北口村的旅游开发集中于西街，其他区域农业生态得到保护。以古村落文化和长城文化为旅游核心吸引物，村落景观和自然景观获得特殊政策保护。

4.4.2 发展核心因素

第一，不同区位的影响较为明显。社区居民生活环境重构，生计方式随之改变。在生计资本获取能力中，物质资本易获得、失去快，金融资本随劳动力降低获得难度加大，自然资本和部分物质资本因社区集体性而易共享，社会资本受景社关系影响而不确定获得。主体增权和就业能力是衡量社区与景区资源共享的标尺。风险应对是能力的重要组成部分，受劳动力、基层治理和土地影响。综合来看，生计资本获取能力、主体增权和就业能力及风险应对能力三者均有强弱划分，从强到弱排名依次是：以西江千户苗寨为例的景社一体型社区、以古北口村为例的景社半分离型社区、以司马台村为例的景社分离型社区，整体上旅游目的地表现出脆弱性。景区发展对当地物价水平产生波动，外来人口的涌入代表着一定程度的购买力，会给整个市场带来巨大的竞争力，导致旅游目的地及周边物价的上涨。在旅游目的地，逐渐增多的外来人口推动餐饮业迅速发展；旅游业的发展具有针对性，主要涉及高中端消费群体。

第二，社区基层管理水平和治理能力对旅游社区的发展能力非常重要。如果缺乏社区居民的支持，任何旅游发展规划都无法实施。因此，对于一个旅游社区的发展而言，最关键的一步，就是将旅游发展尽量与社会中已存在的或可能存在的经济活动保持一致，并给予它们支持。如果提出的目标可以对区域内的其他行业（如渔业、农业、林业或制造业等）产生正面的作用，或旅游业可以促进它们的发展，比如提高它们生产的商品的需求量，那么就可以更好地执行旅游发展的相关计划。因此，旅游社区的发展就决定了基层组织必须有这样一种组织结构，这种组织结构既要以旅游业等行业为基础，又能进行适当的调整，使其能够体现出社区旅游中的许多利益相关者。而这种能够协调各方的利益，组织社区内居民齐心协力一起发展的能力正是旅游社区面临的考验。从已有的调研情况看，西江千户苗寨实际上是“政府 + 平台旅游开发公司 + 老年协会 + 寨老制”的一种混合治理模式，目前较好地带动了整个社区的发展。司马台村和古北口村主要是基层政府管理模式，面临着利益分配、管理模式等方面的考验。

4.5 旅游社区发展的优势与不足

4.5.1 旅游社区发展优势

按照功能类别，可将社区划分为经济类型社区、文化类型社区、科技类型社区、行政类型社区、宗教类型社区等。从社会学角度看，改革开放以来乡村社区、民族社区、宗教社区和血缘社区等有在同一共同体内共同生存的可能。对于旅游社区这种改革发展后新兴社区，存在使其更牢固地与社区共存的可能，即对当地共同体的传统有继承和发扬的可能。本书对三个案例地调研发现，旅游社区存在四个方面的优势：第一，有外界互动，包括景区与社区之间的联动、当地居民与周边亲朋好友的交际、当地居民与外来游客之间的互动，且友好的互动行为有利于减少邻里冲突、游客与当地人的冲突。第二，具有自然和社会属性，从旅游社区的可持续生计资本获取这一能力角度思考，自然资本和社会资本对应这一属性，甚至金融资本、人力资本、物质资本处于社会资源动态转换中，同样具备社会属性。第三，具有景区服务性质，提供配套服务。西江千户苗寨兼具景区的服务功能；搬迁前的司马台村为司马台长城景区服务，搬迁后的司马台村接待古北水镇景区分流来的游客；古北口村开展农家乐旅游。第四，存在“旅二代”群体。“旅二代”不仅指从父辈接手用于旅游经营的土地房屋资产，更是在旅游发展影响下成长的一代人。旅游可持续发展的理念从一代传播到下一代，有利于“旅二代”主体增权和就业能力的提升。

4.5.2 旅游社区发展不足

社区发展旅游过程中需正视四点不足：第一，参与群体弱势。参与旅游业生产经营的并不全是旅游社区居民，还有社区外部群体。外部群体的强势介入引起更激烈的竞争。在保护本土居民利益效果较好的西江千户苗寨，其核心商圈主街上多为外省投资人，当地人为店员。即使苗寨专门为本寨人留有一条辅街，经营效果也难敌外来大资本。更加现实的问题是，留守社区的多为老年人、妇女和孩子弱势群体。应提高弱势群体风险应对能力、防止返贫。第二，心理排斥。旅游社区发展首先要关注的是社区居民，其次是旅游业。关注社区居民心理状态有利于社区良性发展。古北口村城镇户口居民的主体增权和就业能力弱于农村户口居民，城镇户口居民心理易产生不平衡、对游客更为排斥。第三，旅游业对社区的文化理念等深层次影响。社区为当地居民提供居住功能，景区为游客提供吸引物功能。尤其是游客对当地文化和社区居民理念有深层次的多元影响，一定程度上会改变社区的发展。第四，不稳定性。不稳定性是旅游社区生计资本获取能力的推力。旅游社区依靠旅游业发展，旅游本身的不稳定性、脆弱性对社区产生同样影响。例如，古北口村主要为古北水镇的游客提供住宿，受到古北水镇经营的波动影响。很多社区居民对风险感知尤其敏感。旅游社区的优势与不足如表 4 – 22 所示。

表 4 – 22　旅游社区的优势与不足

优势	不足
有外界互动。旅游社区处在某一旅游区内的体系，涉及旅游区域范围（朱松节，2008），同时也是居民日常生活的范围。因此，居民与游客、外来旅游从业者等社交机会增多	**参与群体的弱势。**外来投资导致主要收益漏损，甚至出现“旅游飞地”现象（于萍，2016）。当地居民难以抗衡外来资本的大量涌入，其就业机会缺少专项政策保障。同时，居民原有舒适居住圈被打破，生计资源面临更大竞争
具有自然和社会属性。旅游社区是自然和社会的实体（唐顺铁，1998）。旅游社区基于景区和社区的资源，如社区沉淀的人情往来也是一种独特的文化现象，社区的自然景观可作为旅游吸引物；景区也是当地居民与外来游客社交的场所	**心理排斥。**居民的参与管理程度与被排斥心理成正比（把多勋、徐金海，2013）。相较于外来人口的认知，当地居民的主人翁意识更强，这使得社区居民易产生心理排斥
具有景区服务性质，提供配套服务。旅游社区也是服务型社区。以人为本的特点较为明显，为游客提供人性化服务（宗晓莲、朱竑，2004）。旅游产业是第三产业，从属性上讲是服务性产业。当地旅游发展带来的硬件设施和软性人文关怀服务，不仅游客能享受到，当地居民也可消费	**旅游业影响社区的多元性和深入性。**社区既是当地土地使用权的拥有者，又是当地文化活动的载体（张冠群，2016）。旅游社区给当地文化带来冲击，这点在少数民族地区表现更为显著，文化资本的利用是把“双刃剑”，这考验着当地居民的接受程度

续表

优势	不足
存在"旅二代"群体。在经济和社会、文化影响下，慢慢出现"旅二代"群体（保继刚、黄锋，2018）。"旅二代"群体尚未经历生计策略转变的过程，对旅游社区的发展较为笃定	**不稳定性**。旅游社区较大程度依赖旅游业。旅游业的脆弱性较为明显，易受到自然灾害、国际/地区关系和公共卫生事件等不确定性因素影响

资料来源：根据文献和实际调查情况综合整理。

5　旅游社区可持续发展能力提升建议

5.1　研究结论

本书在旅游扶贫、乡村振兴等战略宏观背景下，结合不同区位社区旅游发展的实际情况，采用案例研究法分析不同景社关系的社区可持续发展能力的差异，得出以下主要结论。

第一，旅游社区自我可持续发展能力是生计资本获取能力、主体增权与就业能力、风险应对能力的集合体，景社关系变动、参与旅游与社区增权等社区内部动态都对自我可持续发展能力的形成有至关重要的影响。

第二，对比不同景社关系的社区可持续发展能力发现，金融资本和社会资本是生计资本获取能力用到最多的因素；区域划分和地理位置是主体增权与就业能力的突出因素；社区基层治理是提高风险应对能力的重要因素。

第三，在不同景社关系旅游社区中，可持续发展能力最强的是景区一体化类型社区，最弱的是景社分离型社区，中等的是景社半分离型社区。尤其是本书调研的景社分离型社区由于土地全部被流转，当地社区发展能力的持续性面临较大的风险。

第四，区位是旅游社区发展的重要因素之一。从宏观角度分析，受区位因素影响，旅游社区与景区之间存在三种关系，即景社一体化、景社分离和景社半分离关系。从微观角度分析，区位影响着社区居民对生计资本的满意度感知。景区距社区的空间距离越远，旅游社区居民对生计资本的满意度越低。

第五，对于生计资本质量而言，居民增权意识、社区参与程度是拉力，旅游社区不稳定性是推力。其中，居民的生活态度与社会资本、人力资本的关系更密切；社区参与程度与金融资本关系密切；旅游业脆弱性与自然资本关系密切。

第六，旅游社区的可持续发展可以通过多元化的就业方式来抵御风险。“旅游+”的包容性是居民家庭收入持续的重要保障。旅游社区与景区的关系越密切，旅游社区居民家庭的生计选择机会就越多。受旅游业的进入门槛低和季节性影响，居民家庭生计来源不止从事旅游业这一种。

第七，宏观区域背景和宏观旅游业支持政策与基层治理能力对旅游社区可持续发展具有较大的影响。

5.2 旅游社区总体发展建议

5.2.1 多维度提升旅游可持续发展能力

多维度看待旅游社区的自我可持续发展能力。首先，思考景区与社区之间的合作与竞争关系。景区具有规模结构、综合服务和吸引力等优势，社区具有基础设施相对完善、潜在消费群体和产业链相对完整等优势。景社之间优势共享可以促进二者可持续发展。其次，生计资本获取能力是可持续发展的重要保障。旅游社区需要向内挖掘自己的优势、找出短板，合理配置自身生计五个资本。最后，旅游社区的良性运转需要利益相关者的配合。政府是旅游社区的主体之一，应当履行职能、保障民生利益。

5.2.2 发挥旅游社区优势

（1）拓展文化资本

思考如何将社区所拥有的传统技能转化为旅游产品经营。将资源变成资本进而提升旅游社区的自我发展能力，可以通过打造文化旅游品牌实现。同时需要注意，不是所有传统技能都可以很好地转化成旅游产品。古北口村拥有古镇文化、长城文化、山水文化、皇家文化、民俗文化等文化资源，尤其突出的一个优势是拥有非物质文化遗产宫灯制作技艺。从宫灯制作到DIY教学再到售卖，设计出属于古镇的文化创意链。西江千户苗寨可以从特色手工艺、品牌建筑景观两点着手。苗寨的木质房屋独特，可以做微缩景观，将景观实物化。对于司马台村这样失去土地又没有经营条件的楼房居民，开发新业态，培训传统手工技艺；建立新场所，老人讲“老”话、以老人的身份讲故事，营造社区文化氛围。组织附近景区、其他社区居民，进行联合活动和宣传，带动自然或人文景区周边村庄的旅游发展。

（2）鼓励劳动力回流

鼓励以“旅二代”为代表的青壮年回乡创业。现在很多老字号店铺、老手艺传承面临困难，青壮年的回乡创业是一种解决途径。不过，要强调理性回乡创业，不鼓励跟风式回乡。青壮年要明白自身能力局限和兴趣爱好，避免造成对旅游业发展的心理排斥。

（3）推动社区“自给自足”与旅游“市场化”的结合

社区自身已有内部资源交互循环，旅游介入延展了内循环系统，即旅游为社区带来更大的消费市场。在旅游项目开发中，政府赋权和尊重社区居民的权利；在旅游经营中，项目开发商应欢迎社区居民参与其中，开发商和居民应是良性竞争的关系，这有利于旅游产业发展模式的创新。

5.2.3 弥补旅游社区不足

（1）提高旅游社区抗脆弱性的能力

一是鼓励拓展收入来源。相对于传统务工、务农的生计型家庭，以旅游生计为主的复合型收入的家庭脆弱性降低。对司马台村家庭主要收入来源分析时发现，家庭收入是“旅游+”复合型的占比最多，为49.5%，纯粹以“农业收入>70%”的占比为15.8%，从事“住宿+餐饮”的人群多是退休回乡人员（养老和正增加收入）或季节性经营人员（淡季外出打工、旺季经营民宿），这样可以分散风险。二是提升自身能力。通过出台政策鼓励青壮年回乡创业搞旅游；通过家庭内部互助与社会支持，妇女从农事活动、照顾家庭中腾出时间，参加培训提升自我价值，更好地适应旅游发展需求。

（2）提升社区服务能力

对于旅游社区主体而言，旅游服务是一种资源；对于旅游消费者而言，旅游服务是一种商品。通过满足游客越来越多样化、个性化的需求，旅游目的地吸引力得到提升。同时，旅游社区提升服务能力这个过程也是向社区主体宣传教育的机会。旅游社区居民通过旅游宣传教育，思想观念得到转变，进而降低对外来游客的心理排斥。

（3）关注失地居民的脆弱性

在景社分离的司马台村，存在着一类失去土地资本且劳动力质量低的楼房区居民；在景社半分离的古北口村，存在着一类因历史原因没有土地的城镇居民；在景区一体化的西江千户苗寨，存在着一类土地交换出去且数量逐年增加的居民。由此可见，居民失去土地不是个别现象，需要重点关注。失地居民的福利可以从两个角度思考。一是家庭内部，家庭内部成员的收支互补、互相照顾。二是家庭外部，政府和社会提供特殊保障措施，如养老、低保、医疗、信贷等方面的帮助；旅游行业应组织教育、培训，提高劳动力质量。

5.3 旅游社区类型发展建议

5.3.1 景社一体化旅游社区发展

景社一体化旅游社区的金融资本和物质资本较为充裕，但自然资本和社会资本维持压力较大。因此，景区和社区的合作需要深化。社区总体依靠当地自我组织系统管理居民，发挥自治组织的力量，成为化解居民与游客矛盾的缓冲地带。自我管理系统对于少数民族地区来说，作用更为明显。在景区发展中，地理位置因素造成社区居民参与旅游业程度不同，如西江千户苗寨山上山下参与旅游就业存在差异。景区可提高岗位需求的信息公开度，社区可针对性增加旅游教育培训次数。另外，在社区和景区的各自规划中，应将对方发展需求加以考虑。在景社一体化发展的旅游社区中，居民的主体增权与就业能力相对更高、体验更好，居民对景区和社区的发展意见也要多采纳。

5.3.2 景社分离型旅游社区发展

在景社分离型社区中，物质资本作用最为明显，居民参与旅游建设和发展的能力最弱。较明显的两个因素是：分离的地理空间关系，这造成社区参与难度较高；失去土地，社区对物价波动的警惕保持较长时间。旅游社区依靠旅游业发展，旅游本身的不稳定性、脆弱性对社区同样产生影响。社区对物价的管理更为关切，以便稳定民心。景区对当地就业率的贡献更为明显。景区可依据现代公司治理体系，为当地居民提供一条就业晋升通道。这样，既保障了公司人才的来源渠道，也提高了当地居民自身素质。

5.3.3 景社半分离型旅游社区发展

景社半分离型社区发展旅游，需要关注和培育自身社区的旅游吸引物。培育社区内部文化活动，适当打造独特的节庆活动，提高游客体验度。社区内部文化活动可以丰富居民文化生活，提高居民参与社区建设的参与感、幸福感。金融资本和物质资本随核心景区辐射范围而减少，因此要关注自然资本的建设。景区与社区合作，在现有自然环境保护的基础上，提高自然环境的可观赏性。就业能力的主体聚焦在游览主线的常住居民，景区和社区协商发展游览主线上的土地或房屋经营内容，打造符合旅游主题的主线游客消费区、支线旅游服务配套区。

5.4 展望与不足

本书尝试对三种不同区位关系的旅游社区进行可持续发展能力分析，通过问卷调查、案例研究和访谈收集数据，进而找出适合旅游社区发展路径，同时探索适用于各种区位关系的可持续发展因素。最后对相关问题提出了一些优化建议。从总体来看本研究还存在以下局限。第一，在数据选取和收集方面，本书由于经历了前期大量的访谈，在了解案例地情况下进行的问卷设计和调整，每个案例地面临的问题都有所差异，故本书未采用同一问卷对三个案例地进行调查。这虽然让填写问卷的人对问卷总体印象较好且针对性强，但也存在三个案例地的题项未能完整一致的问题。第二，在研究对象方面，本书针对三个案例地进行了横向对比研究，综合地对照了不同生计资本和可持续发展环境、策略选择，但是旅游社区作为一个纵向时间发展的过程，仅仅通过横向对比，在一定程度上可能会对研究结果造成影响。第三，疫情对旅游业影响巨大，同时本书原来设计的追踪研究未能成行，几次调研都遇到被村落劝返和在各种复杂的查证过程中难以进入的情况，所以只能采取前期的数据和后期访谈共同说明情况。

参考文献

[1]Aghion P, Bolton P. A trickle – down theory of growth and development with debt overhang[J]. Review of Economic Studies,1997,64(2):151 – 172.

[2]Aleksandra Spalević, Nikola Igračev. The natural – geographical basics for the development of the adventure tourism in Serbia[J]. Journal of the Geographical Institute Jovan Cvijic SASA, 2011, 61(3) .

[3]Ali I, Zhuang J. Inclusive growth toward a prosperous Asia: Policy implications[J]. Asian Development Bank, 2007.

[4]Ashley C, Goodwin H. "Pro poor Tourism": What's gone right and what's gone wrong? [R]. London: Overseas Development Insititute,2007.

[5]Ashley C, Roe D, Goodwin H. Pro – poor tourism strategies: Making tourism work for the poor: A review of experience[R]. London: ODI, IIED, CRT, 2001:22 – 23.

[6]Ashley C, Roe D. Making tourism work for the poor: Strategies and challenges in southern Africa[J]. Development Southern Africa, 2002, 19(1): 61 – 82.

[7]Bakker, Martine, Messerli, et al. Inclusive growth versus pro – poor growth: Implications for tourism development[J]. Tourism & Hospitality Research, 2017,17(4):384 – 391.

[8]Baum T. Sustainable human resource management as a driver in tourism policy and planning: A serious sin of omission? [J]. Journal of Sustainable Tourism, 2018(4):1 – 17.

[9] Biswas, Arindam. Insight on the evolution and distinction of inclusive growth[J]. Development in Practice, 2016,26(4):503 – 516.

[10] Brako Prince, Sebastian T Joseph. Pro – poor tourism and its seeming upshots on a locality – an exploratory approach[J]. Asian Journal of Science and Technology,2017,8(10):6050 – 6054.

[11] Buckinghamhatfield S, Evans B. Environmental planning and sustainability[J]. Environmental Planning & Sustainability, 1996.

[12] Butler R, Curran R , O'Gorman K D . Pro – Poor tourism in a first world urban setting: Case study of glasgow govan[J]. International Journal of Tourism Research, 2012,15(5):443 – 457.

[13] Caldwell J C. Rural development and human fertility[J]. Population Studies,1986,40(3):512 – 513.

[14] Chang C L, Hsu H K, McAleer M. A Tourism financial conditions index [R] . Working Paper No. 1420 Instituto Complutense de Anάlisis Económico. Universidad Complutense Madrid, 2014.

[15] Chaskin, R J. Building community capacity: A definitional framework and case studies from a comprehensive community initiative[J]. Urban Affairs Review, 2001, 36(3):291 – 323.

[16] Colin J Hunter. On the need to re – conceptualise sustainable tourism development[J]. Journal of Sustainable Tourism,1995,3(3):155 – 165.

[17] Deller S. Rural poverty, tourism and spatial heterogeneity [J]. Annals of Tourism Research, 2010,37(1): 180 – 205.

[18] Director G L. Evaluating community capacity: Visual representation and interpretation[J]. Community Development Journal, 2006, 41(3):266 – 276.

[19] Donaldson J. Tourism, development and poverty reduction in Guizhou and Yunnan [J]. The China Quarterly, 2007 (190):333 – 351.

[20] Eusébio C, Vieira A L, Lima S. Place attachment, host – tourist interactions, and residents' attitudes towards tourism development: The case of boa vista island in cape Verde[J]. Journal of Sustainable Tourism, 2018(1):1 – 20.

[21] Frank Ellis. The determinants of rural livelihood diversification in developing countries [J]. Journal of Agricultural Economics, 2000, 51 (2): 289 – 302.

[22] Frechtling D C. The tourism satellite account a primer [J]. Annals of Tourism Research, 2010, 37 (1): 136 – 153.

[23] Giampiccoli A, Mtapuri O. A community – based tourism affinity index: Its development and possible use[J]. African Journal of Hospitality Tourism and Leisure, 2016, 5(1):1 – 16.

[24] Grootaert C, Kwakwa V, Kanbur R, et al. World development report 2000/2001: Attacking poverty [J]. World Bank Publications, 2000, 39 (6): 1145 – 1161.

[25] Hampton M P. Heritage, local communities and economic development [J]. Annals of Tourism Research, 2005, 32(3):735 – 759.

[26] Hansen J W, Jones J W. A system framework for characterizing farm sustainability[J]. Agricultural Systems, 1996, 51(2):185 – 201.

[27] Holladay P J, Powell R B. Resident perceptions of social – ecological resilience and the sustainability of community – based tourism development in the commonwealth of Dominica[J]. Journal of Sustainable Tourism, 2013, 21(8): 1188 – 1211.

[28] Home O. Firm foundations: The government's framework for community capacity building[M]. London: Civil Renewal Unit, Home Office, 2004.

[29] Huang J M, Zhang A, Wang Y, et al. Emerging challenges of community empowerment: Exploring a harmonious living among different community stakeholders [J]. Landscape Architecture Frontiers, 2017, 5(6):56 – 61.

[30] Jafari J. Research and scholarship: The basis of tourism education [J]. The Journal of Tourism Studies, 1990, 1(1):33 – 41.

[31] Kakwani N, Song H Y. Pro – poor growth: Concepts and measurement with country case studies [J]. The Pakistan Development Review, 2003, 42(4): 417 – 444.

[32]Khushk G M, Samah A A, Hamsan H, et al. Empowerment among small farmers of sindh province, Pakistan[J]. Asian Journal of Agriculture & Rural Development, 2016, 6(3).

[33]Kiernan K. The nature conservation, geotourism and poverty reduction nexus in developing countries: A case study from the Lao PDR [J]. Geoheritage, 2013,5(3):207 -225.

[34]Kulig J C, Edge D S, Townshend I, et al. Community resiliency: Emerging theoretical insights[J]. Journal of Community Psychology, 2013,41(6):758 -775.

[35]Larry D, Tien P, Leo J, et al. Modeling the impact of Australia's mining boom on tourism: A classic case of Dutch disease[J]. Journal of Travel Research, 2014(3):1 -13.

[36]Lekachman Robert. Redistribution with growth (Book Review)[J]. Journal of Economic Literature,1976,14(2):480.

[37]León Y M. The impact of tourism on rural livelihoods in the dominican republic's coastal areas [J]. The Journal of Development Studies, 2007,43(2):340 -359.

[38]LI Y J, Turner S, CUI H Y. Confrontations and concessions: An everyday politics of tourism in three ethnic minority villages, Guizhou province, China [J]. Journal of Tourism and Cultural Change, 2016, 14(1):45 -61.

[39] Mattessich P W, Monsey B. Community building: What makes it work:A review of factors influencing successful community building[M]. Minnesota: Amherst H Wilder Foundation, 1997.

[40]Matthew J W, Harold J G. Local economic impacts of dragon tourism in Indonesia [J]. Annals of Tourism Research, 2000, 27(3):559 -576.

[41]Murphy P E, Murphy A E. Strategic management for tourism communities: Bridging the gaps[M]. Clevedon UK:Channel View Publications,2004.

[42]Murphy P E Tourism. A community approach[J]. Annals of Tourism Research,1985, 13(4):667 -669.

[43] Murphy P E. Tourism: A community approach [M]. New York: Methuen, 1985.

[44] Noori K, Zand F. The role of rural tourism in rural sustainable development according to the SWOT method (case study: Kermanshah province villages) [J]. International Research Journal of Applied & Basic Sciences, 2013: 2620 – 2625.

[45] Pettiford L. Sustainable development: Principles, analysis and policies [J]. Political Geography, 1998, 17(3): 368 – 369.

[46] Rid W, Ezeuduji I O, Haider U P. Segmentation by motivation for rural tourism activities in the Gambia [J]. Tourism Management, 2014, 40(2): 102 – 116.

[47] Roddick, A. Business as unusual [M]. London: Thorsons, 2000.

[48] Sawicki D S, Flynn P. Neighborhood indicators: A review of the literature and an assessment of conceptual and methodological issues [J]. Journal of the American Planning Association, 1996, 62(2): 165 – 183.

[49] Schilcher D. Growth versus equity: The continuum of pro – poor tourism and neoliberal governance [J]. Current Issues in Tourism, 2007, 10 (2): 166 – 193.

[50] Sen A K. Capability and well – being [Z]. Quality of Life, 1991.

[51] Sen A K. Commodities and capabilities [Z]. Canadian Journal of Economics/revue Canadienne D`economique, 1999.

[52] Sen A K. Poverty: An ordinal approach [J]. Econometrica, 1976, 44 (2): 219 – 231.

[53] Sen A K. Welfare, preference and freedom [J]. Journal of Econometrics, 1990, 50(1 – 2): 15 – 29.

[54] Sharpley R. Tourism and development challenges in the least developed countries: The case of the Gambia [J]. Current Issues in Tourism, 2009, 12 (4): 337 – 358.

[55] Shen F, Hughey K F D, Simmons D G. Connecting the sustainable

livelihoods approach and tourism: A review of the literature [J]. Journal of Hospitality & Tourism Management, 2008,15(1):19 - 31.

[56]Simpson B. Tourism and tradition: From healing to heritage [J]. Annals of Tourism Research, 1993(20):164 - 181.

[57]Sofield T H B, Bauer J, De Lacy T, et al. Sustainable tourism eliminating poverty (ST - EP): An Overview [R]. World Tourism Organization (WTO), 2004.

[58]Suntikul W, Bauer T, Song H. Pro - poor tourism development in viengxay, Laos: Current state and future prospects [J]. Asia Pacific Journal Research, 2009,14(2):153 - 168.

[59]Susan B H. Environmental planning and sustainability[M]. Chichester: John Wiley & Sons, 1996.

[60]Tao T C H, Wall. Tourism as a sustainable livelihood strategy[J]. Tourism Management, 2009, 30(1):90 - 98.

[61]Wattanakuljarus A, Coxhead I. Is tourism - based development good for the poor? A general equilibrium analysis for Thailand [J]. Journal of Policy Modeling, 2008,30(6):929 - 955.

[62]World Bank. Monitoring environmental progress: A report on work in progress[R]. Washington D C,1992.

[63]Yan F, Jie Y. National assessment of climate resources for tourism seasonality in China using the tourism climate index[J]. Atmosphere, 2015,6(2):183 - 194.

[64]Yin R K. Case study research: Design and methods [M]. Thousand Oaks,CA :SAGE Publications,lnc,2008.

[65]Zhizhang Wang, Yang Luo. Indian Inclusive Tourism Anti - Poverty Model and Its Enlightenment for China[J]. Studies in Sociology of Science, 2013,4(4):77 - 82.

[66]阿马蒂亚·森. 贫困与饥荒[M]. 王宇,王文玉,译. 北京:商务印书馆,2011.

[67]阿马蒂亚·森．以自由看待发展[M]．于真，译．北京：中国人民大学出版社，2002.

[68]阿依古丽艾力，张玉钧，姚娟．少数民族旅游社区居民生计资本综合评价：以新疆喀什市旅游社区研究为例[J]．东方企业文化，2015(5)：278－279.

[69]安体富，郭庆旺．内生增长理论与财政政策[J]．财贸经济，1998(11)：25－32.

[70]安艳艳，张文．基于居民感知与态度的旅游地社区主导旅游业发展机制研究[J]．北京第二外国语学院学报，2007(7)：13－20.

[71]把多勋，徐金海．基于社区参与的乡村旅游研究：以江西婺源县为例[J]．资源开发与市场，2013，29(8)：867－869.

[72]白露．旅游社区化与自然文化遗产管理[J]．农村经济与科技，2018，29(6)：52－53.

[73]包军军．旅游扶贫效应研究[D]．兰州：西北师范大学，2015.

[74]保继刚，黄锋．旅游与东道主社区青年：乡村旅游社区旅二代的概念及研究议题[J]．旅游论坛，2018，11(4)：21－30.

[75]保继刚，孙九霞．雨崩村社区旅游：社区参与方式及其增权意义[J]．旅游论坛，2008(4)：58－65.

[76]保继刚．社区旅游与边境旅游[M]．北京：中国旅游出版社，2006.

[77]北京师范大学中国扶贫研究中心课题组．论中国扶贫开发治理体系和治理能力建设[J]．中国延安干部学院学报，2015(1)：124－130.

[78]曾德付，徐桂．“人地关系思想的演变”重难点解析及教学建议[J]．地理教育，2011(6)：14－15.

[79]陈超群．参与乡村旅游发展的脱贫居民可持续生计资本研究：以长沙市为例[J]．度假旅游，2018(8)：88－90.

[80]陈东旭，唐莉．民族旅游、民族认同与民族性的构建：基于人类学的视角[J]．贵州民族研究，2014，35(6)：15－18.

[81]陈丽华，董恒年．可持续旅游扶贫开发模式研究：社区参与乡村旅游[J]．淮海工学院学报(社会科学版)，2008(1)：76－79.

[82]陈擎．旅游地产投资开发区位选择策略[J]．长江论坛,2010(6):75－78.

[83]陈胜东,孔凡斌．基于生态移民的农户可持续生计研究进展与展望[J]．鄱阳湖学刊,2016(5):59－71.

[84]陈炜,陈品冬,俞杰．乡村振兴背景下贵州乡村旅游发展要素结构研究:基于社会网络分析的视角[J]．贵州民族大学学报(哲学社会科学版),2022(6):16－32.

[85]陈作成,龚新蜀．西部地区自我发展能力的测度与实证分析[J]．西北人口,2013,34(2):110－115.

[86]褚玉杰,赵振斌,张铖,等．旅游社区多群体态度差异和冲突倾向的空间特征:以西安汤峪镇为例[J]．地理学报,2016,71(6):1045－1058.

[87]崔强,武春友,匡海波．中国空港可持续发展能力评价研究[J]．科研管理,2012, 33 (4):55－61.

[88]崔晓明,陈佳,杨新军．乡村旅游影响下的农户可持续生计研究:以秦巴山区安康市为例[J]．山地学报,2017,35(1):85－94.

[89]邓小海．旅游精准扶贫研究[D]．昆明:云南大学,2015.

[90]丁焕峰．农村贫困社区参与旅游发展与旅游扶贫[J]．农村经济,2006(9):49－52.

[91]丁敏,李宏．旅游社区增权理论研究综述[J]．首都师范大学学报(自然科学版),2016,37(3):71－76.

[92]番玉婷．中国旅游城市与非旅游城市物价差异原因分析[J]．现代商贸工业,2018,39(11):21－22.

[93]方创琳,Yehua Denis Wei. 河西地区可持续发展能力评价及地域分异规律[J]．地理学报,2001, 56 (5):561－569.

[94]房艳刚,刘继生．中国自然保护区基于社区的生态旅游发展研究[J]．干旱区资源与环境,2006(1):37－41.

[95]费孝通．社会学概论[M]．天津:天津人民出版社, 1983.

[96]风笑天．方法论背景中的问卷调查法[J]．社会学研究,1994(3):13－18.

[97]冯万荣,赵庆红．旅游扶贫的受益人群及其受益模式研究:以云南西双版纳傣族园为例[J]．昆明冶金高等专科学校学报,2007(4):81－84.

[98]冯旭芳,徐敏聪,王红．基于贫困人口发展的旅游扶贫效应分析:以锡崖沟为例[J]．生产力研究,2011(5):91－92,130.

[99]傅民,徐鹏,杜漪．农户生计可持续的决定性因素分析:基于绵阳市北川县曲山镇石椅村农户生计转型的案例研究[J]．绵阳师范学院学报,2009,28(12):23－27.

[100]高婕．乡村旅游与社区发展研究综述[J]．民族论坛,2012(18):32－38.

[101]龚箭, 刘畅, Knight D. 神农架国家公园居民可持续旅游感知空间分异及影响机理研究[J]. 长江流域资源与环境, 2021, 30(12): 2854－2865.

[102]顾朝林．城市社会学[M]．南京:东南大学出版社,2002.

[103]桂拉旦,唐唯．文旅融合型乡村旅游精准扶贫模式研究:以广东林寨古村落为例[J]．西北人口,2016,37(2):64－68.

[104]郭华．增权理论视角下的乡村旅游社区发展:以江西婺源李坑村为例[J]．农村经济,2012(3):47－51.

[105]郭淑芬,马宇红．资源型区域可持续发展能力测度研究[J]．中国人口·资源与环境,2017,27(7):72－79.

[106]郭舒．基于产业链视角的旅游扶贫效应研究方法[J]．旅游学刊,2015,30(11):31－39.

[107]郭文．乡村居民参与旅游开发的轮流制模式及社区增权效能研究:云南香格里拉雨崩社区个案[J]．旅游学刊,2010,25(3):76－83.

[108]郭学贤．城市社区建设与管理[M]．北京:北京大学出版社, 2010.

[109]国家统计局．中华人民共和国2014年国民经济和社会发展统计公报[EB/OL]．(2015－02－26). http://www.stats.gov.cn/tjsj/zxfb/201502/t20150226_685799.html.

[110]韩小芸,田甜,孙本纶．旅游虚拟社区成员“感知—认同—契合行为”模式的实证研究[J]．旅游学刊,2016,31(8):61－70.

[111]贺爱琳,杨新军,陈佳,等．乡村旅游发展对农户生计的影响:以秦岭北麓乡村旅游地为例[J]．经济地理,2014,34(12):174－181.

[112]贺小荣,舒敏．社区居民旅游影响感知及态度研究:以贵州省梵净山地区为例[J]．贵州师范大学学报(社会科学版),2021(2):100－108.

[113]横山宁夫．社会学概论[M]．上海:上海译文出版社,1983.

[114]胡柳．乡村旅游精准扶贫研究[D]．武汉:武汉大学,2016.

[115]黄瑞茂．社区营造在台湾[J]．建筑学报,2013(4):13－17.

[116]黄莹莹．新型城镇化视阈下河南省乡村旅游可持续发展研究[J]．河北科技师范学院学报(社会科学版),2017,16(1):34－39.

[117]黄志毅,张鑫雨．湖北省旅游发展空间错位分析:基于旅游资源、旅游区位和旅游收入三维视角[J]．内江师范学院学报,2022,37(4):108－113.

[118]贾若祥,刘毅．中国区域可持续发展状态及类型划分[J]．地理研究,2003,22(3):609－617.

[119]贾县民．农村生态旅游利益关系的协调研究[J]．安徽农业科学,2008(24):10626－10628.

[120]琚磊,陈震．社区与社区矫正[J]．天府新论,2012(3):82－87.

[121]莱瑞·赖恩．社区社会学[M]．北京:中国社会出版社, 2004.

[122]黎洁,赵西萍．社区参与旅游发展理论的若干经济学质疑[J]．旅游学刊,2001(4):44－47.

[123]黎熙元, 何肇发．现代社区概论[M]．广州:中山大学出版社, 1998.

[124]李德水．中国经济将长期保持稳健快速增长[J]．管理世界,2004(3):5.

[125]李会琴,徐宁．基于扎根理论的可持续旅游生计策略影响因素研究[J]．国土资源科技管理,2018,35(4):81－93.

[126]李佳,钟林生,成升魁．民族贫困地区居民对旅游扶贫效应的感知和参与行为研究:以青海省三江源地区为例[J]．旅游学刊,2009,24(8):71－76.

[127]李嘉宇,陈明．文化认同背景下过度旅游对社区旅游发展的影响研究[J]．西部旅游,2023(7):37-39,43.

[128]李乐京,姚小燕．民族旅游村寨社区居民心理增权研究:内涵、影响因素与路径[J]．贵州师范学院学报,2017,33(11):51-54.

[129]李萍,陈田,王甫园,等．基于文本挖掘的城市旅游社区形象感知研究:以北京市为例[J]．地理研究,2017,36(6):1106-1122.

[130]李萍,陈田,王新歌,等．我国城市社区旅游研究综述[J]．城市发展研究,2016,23(10):85-90.

[131]李瑞华．内蒙古贫困与反贫困的经济学研究[D]．武汉:武汉理工大学,2013.

[132]李盛刚．西部民族地区农村发展:基于自我发展能力研究[D]．兰州:兰州大学,2007.

[133]李天星．国内外可持续发展指标体系研究进展[J]．生态环境学报,2013,22(6):1085-1092.

[134]李文龙．呼包鄂地区旗(县、区)旅游区位条件分析及其发展潜力评价[D]．呼和浩特:内蒙古师范大学,2011.

[135]李亚娟,虞虎,陈田,等．民族社区旅游研究进展及展望[J]．人文地理,2018,33(2):1-10.

[136]李永文,陈玉英．旅游扶贫及其对策研究[J]．北京第二外国语学院学报,2002(4):74-76,89.

[137]李玉恒,阎佳玉,刘彦随．基于乡村弹性的乡村振兴理论认知与路径研究[J]．地理学报,2019,74(10):2001-2010.

[138]李玉轩,王建中．平遥旅游社区理念建构研究[J]．生产力研究,2001(1):95-96.

[139]林丹,李丹．乡村旅游精准扶贫中贫困人口的受益机制研究[J]．中南林业科技大学学报(社会科学版),2018,12(1):50-56.

[140]林毅夫．自生能力、经济转型与新古典经济学的反思[J]．经济研究,2002(12):15-24.

[141]凌欢,郑向敏．基于内容分析法的旅游社区营造研究:以福建永

定土楼为例[J]. 西安建筑科技大学学报(社会科学版),2017,36(6):38-44.

[142]刘爱利,刘家明,刘敏,等. 国内外旅游度假区孤岛效应研究进展[J]. 地理科学进展,2007,23(6):109-118.

[143]刘晖. 民族旅游对西部地区的影响与可持续发展[J]. 桂林旅游高等专科学校学报,2001(2):39-43.

[144]刘静艳,陈阁芝,肖悦. 社会资本对生态旅游收益与居民环保意识关系的调节效应[J]. 旅游学刊,2011,26(8):80-86.

[145]刘力,丁四保. 吉林省区域核心城市可持续发展能力的定量化研究[J]. 人文地理,2002, 17 (4): 59-62.

[146]刘民坤,任莉莉,邓小桂. 乡村振兴战略的旅游路径研究:准入门槛及其差异化选择[J]. 经济管理,2021,43(10):173-192.

[147]刘敏,刘爱利. 基于业态视角的城市建筑遗产再利用:以北京南锣鼓巷历史街区为例[J]. 旅游学刊,2015,30(4):115-126.

[148]刘纬华. 关于社区参与旅游发展的若干理论思考[J]. 旅游学刊,2000(1):47-52.

[149]刘益,陈烈. 旅游扶贫及其开发模式研究[J]. 热带地理,2004,(4):396-400.

[150]龙冠海. 社会学[M]. 台北: 三民书局, 1985.

[151]隆学文,马礼. 坝上旅游扶贫效应分析与对策研究:以丰宁县大滩为例[J]. 首都师范大学学报(自然科学版),2004(1):74-80.

[152]卢松,张捷. 试论旅游地居民感知的研究体系及其对古村落旅游发展的启示[J]. 安徽师范大学学报(自然科学版),2009,32(2):178-183.

[153]陆大道. 我国区域发展总体战略与西部开发[J]. 经济地理,2000,20(3):1-4.

[154]陆汉文,岳要鹏. 社会化生计视角下扶贫互助组织"名实分离"现象及其生成逻辑:以川东Z村扶贫互助社为例[J]. 学术论坛,2015(3):97-103.

[155]陆学艺. 社会学[M]. 北京: 知识出版社, 1996.

[156]罗伯特·K. 殷. 案例研究:设计与方法[M].4 版. 周海涛,等译. 重庆:重庆大学出版社,2010.

[157]马创. 少数民族地区旅游投资的扶贫效应研究:以云南丘北县仙人洞村为例[J]. 云南电大学报,2010(2):90-92.

[158]马文海. 博弈与互惠:利川旅游社区参与理论的实证研究[D]. 恩施:湖北民族学院,2017.

[159]毛长义,陈子意,张述林. 旅游社区环境与景区环境的相关性研究[J]. 重庆师范大学学报(自然科学版),2010,27(2):79-82.

[160]苗学玲,保继刚. “众乐乐”:旅游虚拟社区“结伴旅行”之质性研究[J]. 旅游学刊,2007,22(8):48-54.

[161]民政部. 民政部关于在全国推进城市社区建设的意见[Z]. 2000.

[162]那翠翠,王丽华,郎志军. 旅游社区居民情感研究述评[J]. 杨凌职业技术学院学报,2017,16(3):1-4.

[163]牛文元. 持续发展导论[M]. 北京:科学出版社,1994.

[164]牛文元. 可持续发展的能力建设[J]. 中国科学院院刊,2006(1):7-13.

[165]潘国臣,李雪. 基于可持续生计框架(SLA)的脱贫风险分析与保险扶贫[J]. 保险研究,2016(10):71-80.

[166]庞闻. 中国入境旅游流复杂网络的结构特征与角色定位研究[D]. 西安:陕西师范大学,2012.

[167]彭向阳. 以可行能力的视角看待中国的城镇贫困:兼论“以收入的视角看待城镇贫困的不足”[J]. 佳木斯大学社会科学学报,2009,27(6):19-21.

[168]饶勇,黄福才,魏敏. 旅游扶贫、社区参与和习俗惯例的变迁:博弈论视角下的可持续旅游扶贫模式研究[J]. 社会科学家,2008(3):88-92,96.

[169]饶勇,徐圆. 旅游扶贫开发背景下的村民直选、社区增权与联合治理机制研究:以广东省新丰县利坑村为例[J]. 中国集体经济,2016(1):

10 – 12.

[170]任桂镇,赵先贵,郝鸿忠. 基于熵值法的陕西省可持续发展能力动态研究[J]. 地域研究与开发,2008,27 (2):35 – 37.

[171]尚前浪,陈刚,明庆忠. 民族村寨旅游发展对社区和家庭生计变迁影响[J]. 社会科学家,2018(7):78 – 86.

[172]邵秀英,邬超,刘亚玲,等. 古村落旅游与社区发展的耦合协调研究:以山西后沟古村落为例[J]. 干旱区资源与环境,2019,33(5):203 – 208.

[173]佘晶晶. 近十年国内社区参与旅游发展研究综述[J]. 经济研究导刊,2011(24):166 – 168.

[174]申仲义,黄艳,陈贤淑,等. 社区教育助推旅游全域化的作用研究:以甘孜藏族自治州为例[J]. 成都师范学院学报,2017,33(11):104 – 109.

[175]石培基,杨中标,程红芳. 甘肃省资源环境与可持续发展能力评价[J]. 干旱区资源与环境,2008, 22 (2): 26 – 30.

[176]时少华,宁泽群. 城市景区社区一体化中居民参与旅游发展的困境、成因与路径选择:以北京什刹海旅游社区为例[J]. 华侨大学学报(哲学社会科学版),2014(1):45 – 51.

[177]世界银行. 1990 年世界发展报告[M]. 北京:中国财政经济出版社,1990.

[178]世界银行. 2000/2001 年世界银行发展报告:与贫困作斗争[M]. 北京:中国财政经济出版社, 2001.

[179]世界自然保护同盟. 保护地球:可持续生存战略[M]. 北京:中国环境科学出版社,1992.

[180]苏芳,徐中民,尚海洋. 可持续生计分析研究综述[J]. 地球科学进展,2009,24(1):61 – 69.

[181]苏明明. 可持续旅游与旅游地社区发展[J]. 旅游学刊,2014,29(4):8 – 9.

[182]苏欣,郭华,张雨. 贫困村资金互助社自我可持续发展能力影响因素研究:基于四川省 588 家互助社的实证分析[J]. 新疆农垦经济,2017

(7):73－80.

[183]孙根年．论旅游业的区位开发与区域联合开发[J]．人文地理，2001,16(4):1－5.

[184]孙九霞,马涛．旅游对目的地社会文化影响研究新进展与框架[J]．求索,2009(6):72－74.

[185]孙九霞,王学基．川藏公路与鲁朗社区的旅游中心化[J]．广西民族大学学报(哲学社会科学版),2017,39(6):36－44.

[186]孙莉英,倪晋仁,蔡强国,等．中国县(市)可持续发展能力变化趋势研究[J]．北京大学学报(自然科学版),2012,48(5):824－832.

[187]孙诗靓,马波．旅游社区研究的若干基本问题[J]．旅游科学，2007(2):29－32.

[188]孙诗靓．景区—社区和谐发展的理论研究[D]．青岛:青岛大学,2007.

[189]孙艳萍．论景区和社区一体化旅游发展中利益相关者的博弈关系[J]．云南电大学报,2009,11(4):69－73.

[190]唐高溶,郑伟,王祥,等．喀纳斯景区草原民俗旅游资源评价及开发模式[J]．草原与草坪,2017,37(2):98－103.

[191]唐玲萍．少数民族地区旅游发展与社区参与的互动研究[J]．玉溪师范学院学报,2006(2):32－34.

[192]唐顺铁．旅游目的地的社区化及社区旅游研究[J]．地理研究，1998(2):34－38.

[193]滕尼斯．共同体与社会:纯粹社会学的基本概念[M]．北京:北京大学出版社, 2010.

[194]田宏,张建春,张朝环．石家庄乡村社区居民参与旅游扶贫开发的调查研究[J]．安徽农业科学,2015(9):189－190,199.

[195]佟敏,黄清．社区参与生态旅游模式研究[J]．学习与探索,2004(6):126－128.

[196]童姗．简述新疆图瓦人的文化展示[J]．才智,2012(23):161－162.

[197]万劲波,叶文虎．地方政府推进区域可持续发展能力建设的思考

[J]. 中国软科学,2005(3):8-17.

[198]王大力,吴映梅. 国内旅游区位研究述评[J]. 乐山师范学院学报,2015,30(8):55-58.

[199]王海燕. 论世界银行衡量可持续发展的最新指标体系[J]. 中国人口资源与环境,1996,6(1):39-43.

[200]王赫. 云南边境旅游发展区位条件评价研究[D]. 昆明:云南财经大学,2018.

[201]王会战,裴璐璐. 兵马俑景区周边社区居民对旅游增权的空间感知分异研究[J]. 旅游纵览(下半月),2018(8):56-58.

[202]王建民. 可持续发展视角下的环境评价方法与实践[D]. 兰州:兰州财经大学,2016.

[203]王金伟,陈昕蕾,张丽艳,等. 乡村振兴战略视角下民族村寨社区旅游增权研究:以四川省石椅羌寨为例[J]. 浙江大学学报(理学版),2021,48(1):107-117,130.

[204]王瑾,张玉钧,石玲. 可持续生计目标下的生态旅游发展模式:以河北白洋淀湿地自然保护区王家寨社区为例[J]. 生态学报,2014,34(9):2388-2400.

[205]王科. 中国贫困地区自我发展能力研究[D]. 兰州:兰州大学,2008.

[206]王倩. 社区主导旅游:少数民族旅游社区可持续发展新思路[J]. 教育教学论坛,2015(52):91-92.

[207]王蓉,代美玲,欧阳红,等. 文化资本介入下的乡村旅游地农户生计资本测度:婺源李坑村案例[J]. 旅游学刊,2021,36(7):56-66.

[208]王瑞红,陶犁. 社区参与旅游发展的形成及内涵[J]. 曲靖师范学院学报,2004(4):42-47.

[209]王珊. 社区参与旅游发展的社会学分析[J]. 经济论坛,2013(4):122-124.

[210]王硕. 历史文化街区文化生态竞争力评价与旅游开发研究:以天津估衣街为例[J]. 桂林理工大学学报,2017,37(2):383-392.

[211]王巍．可持续发展视角下农村扶贫问题研究[D]．昆明:云南财经大学,2017.

[212]王伟中．地域可持续发展导论[M]．北京:商务印书馆,2000.

[213]王新歌,席建超．大连金石滩旅游度假区当地居民生计转型研究[J]．资源科学,2015,37(12):2404－2413.

[214]王益澄,方茹茹,窦思敏,等．陕西靖边丹霞地貌景区的社区参与评估[J]．宁波大学学报(人文科学版),2017,30(5):89－93.

[215]王咏,陆林．基于社会交换理论的社区旅游支持度模型及应用:以黄山风景区门户社区为例[J]．地理学报,2014,69(10):1557－1574.

[216]王玉翠．社区居民态度对旅游发展影响的实证研究:以桂林蝴蝶谷生态旅游景区为例[J]．人民论坛,2012(32):222－223.

[217]王浴潼．基于场所精神的西安老城区街道空间营造策略研究[D]．西安:长安大学,2013.

[218]王兆峰．民族地区旅游扶贫研究[M]．北京:中国社会科学出版社,2011:103.

[219]翁碧云．旅游核心—边缘空间结构演变及优化研究[D]．杭州:浙江工商大学,2013.

[220]吴孔森, 芮旸, 陈佳,等．旅游驱动下乡村转型发展的微尺度研究:以西安市上王村为例[J]．地理科学进展, 2020, 39(6): 1047－1059.

[221]吴亚平,陈志永,杨兮．西南民族地区乡村旅游开发中土地征收的负面效应研究:兼论乡村旅游开发中的政府行为[J]．萍乡学院学报,2016,33(4):53－58.

[222]吴易风,朱勇．内生增长理论的新发展[J]．中国人民大学学报,2000(5):25－32.

[223]吴智钊．区域文化遗产资源旅游开发适宜性研究[D]．泉州:华侨大学,2018.

[224]吴忠军．论旅游扶贫[J]．广西师范大学学报(哲学社会科学版),1996(4):18－21.

[225]夏建中．从街居制到社区制:我国城市社区30年的变迁[J]．黑

龙江社会科学,2008(5):14－19.

［226］夏建中．现代西方城市社区研究的主要理论与方法［J］．燕山大学学报(哲学社会科学版),2000(2):1－6.

［227］向富华．乡村旅游社区参与机制研究［J］．北京第二外国语学院学报,2012,34(7):65－71.

［228］向延平．武陵源世界自然遗产地旅游扶贫绩效模糊评价［J］．中南林业科技大学学报(社会科学版),2012,6(6):5－7.

［229］肖玲．社区旅游发展机制研究［D］．北京:北京第二外国语学院,2006.

［230］谢晶晶,胡召芹,高飞．基于社区居民感知的合肥滨湖新区旅游城镇化发展研究［J］．湖北文理学院学报,2017,38(11):12－16.

［231］胥兴安,王立磊,张广宇．感知公平、社区支持感与社区参与旅游发展关系:基于社会交换理论的视角［J］．旅游科学,2015,29(5):14－26.

［232］徐孝勇,寸家菊．中国农村贫困地区自我发展能力概念模型与形成机理分析［J］．重庆师范大学学报(哲学社会科学版),2016(5):68－75.

［233］许树辉．旅游社区旅游业可持续发展障碍［J］．特区经济,2006(2):213－215.

［234］许水平,黄细嘉,沈胤．基于系统基模的红色旅游景区可持续发展探析［J］．南昌大学学报(人文社会科学版),2014,45(6):63－68.

［235］薛熙明,覃璇,唐雪琼．旅游对恩施土家族居民民族认同感的影响:基于个人生活史的视角［J］．旅游学刊,2012,27(3):27－35.

［236］杨芳英．个人自由与社会选择:阿玛蒂亚·森贫困经济学研究的政治哲学反思［D］．北京:中央民族大学, 2015.

［237］杨福泉．论传统村落保护发展的问题与路径:以云南丽江的几个传统村落为例［J］．云南师范大学学报(哲学社会科学版),2019,51(5):85－93.

［238］杨杰,何文俊．关于四川民族地区乡村旅游发展现状以及升级发展区位研究［J］．山东农业工程学院学报,2017,34(10):135－136.

［239］杨璐．基于居民视角的社区型景区街道空间体验研究［D］．厦

门:厦门大学,2018.

[240]杨荣斌,郑建瑜. 基于旅游区位的景点开发实证研究:以吉安市毛泽东祖籍游览苑为例[J]. 怀化学院学报,2013,32(2):43-45.

[241]杨团. 社会政策研究范式的演化及其启示[J]. 中国社会科学,2002(4):127-139.

[242]杨艳蓉. 核心—边缘理论在川南与滇东北区域旅游合作研究中的运用[J]. 生产力研究,2010(7):109-112.

[243]杨毅,张琳. 环渝连片特困区精准扶贫效益评价及增进策略:基于SEM模型的实证分析[J]. 西南大学学报(社会科学版),2017,43(5):53-62.

[244]于萍. 基于社区增权的乡村旅游可持续发展研究[J]. 哈尔滨商业大学学报(社会科学版),2010(2):93-96.

[245]于长江. 人类学与社会学视角下的城市设计与乡村建设[J]. 景观设计学,2017,5(2):62-71.

[246]鱼小强. 对增强西部地区自我发展能力的思考[J]. 商洛师范专科学校学报,2002(3):11-14.

[247]袁立梅,王敏,赵贺明,等. 基于增权理论的唐山旅游社区发展模式研究[J]. 河北师范大学学报(自然科学版),2015,39(6):543-548.

[248]张爱平,侯兵,马楠. 农业文化遗产地社区居民旅游影响感知与态度:哈尼梯田的生计影响探讨[J]. 人文地理, 2017, 32(1): 138-144.

[249]张高军,李君轶,毕丽芳,等. 旅游同步虚拟社区信息交互特征探析:以QQ群为例[J]. 旅游学刊,2013,28(2):119-126.

[250]张冠群. 内蒙古草原旅游社区参与问题探析[J]. 前沿,2016(7):94-99.

[251]张宏军,高志刚. 基于可持续发展能力评价的资源性城市产业转型研究:以新疆克拉玛依市为例[J]. 干旱区地理,2005, 28 (3):409-413.

[252]张继军,席军良. 红色旅游景区与区域治理一体化:基于王家坪社区"三区联动"的考察[J]. 社会科学家,2019(10):84-89.

[253]张秦,曹叶军. 可持续发展力及其系统初探[J]. 前沿,2013(9):

144 - 148.

[254]张秦. 科学发展观视域下的区域可持续发展能力研究[D]. 呼和浩特:内蒙古大学,2013.

[255]张伟,张建春,魏鸿雁. 基于贫困人口发展的旅游扶贫效应评估:以安徽省铜锣寨风景区为例[J]. 旅游学刊,2005,20(5):43 - 49.

[256]张欣然. 社区居民对都市近郊乡村旅游影响的感知与态度的实证研究:以成都花香果居景区为例[J]. 中国农业资源与区划,2016,37(12):243 - 248.

[257]张艺真. 基于多源 POI 数据的郑州市商业设施空间分布特征研究[D]. 郑州:郑州大学,2018.

[258]张玥. 山西平遥古城旅游可持续发展研究[J]. 品牌(下半月),2015(8):253 - 254.

[259]张遵东,章立峰. 贵州民族地区乡村旅游扶贫对农民收入的影响研究:以雷山县西江千户苗寨为例[J]. 贵州民族研究,2011,32(6):66 - 71.

[260]赵德华. 社区与社区功能的探析[J]. 中南民族大学学报(人文社会科学版),2007(S1):39 - 41.

[261]赵多平,张燕. 旅游社区居民参与与感知态度的关系研究:以宁夏沙湖旅游景区为例[J]. 安徽农业科学,2014,42(33):11794 - 11798.

[262]赵福祥. 旅游与社区的整合研究[J]. 桂林旅游高等专科学校学报,2005(1):64 - 67.

[263]赵克苏,刘敏. 业态视角下旅游休闲街区的优化提升研究:以大唐不夜城为例[J]. 旅游纵览,2022(4):5 - 11.

[264]郑本法,郑宇新. 甘肃旅游扶贫开发研究[J]. 开发研究,1999(4):44 - 47.

[265]郑功成. 中国的贫困问题与 NGO 扶贫的发展[J]. 中国软科学,2002(7):9 - 13.

[266]中国大百科全书编纂委员会. 中国大百科全书(社会学卷)[M]. 北京:中国大百科全书出版社,1991.

[267]中央政府门户网站. 预计“十三五”期间我国 17% 贫困人口将实

现旅游脱贫[EB/OL].(2015-07-11).http://www.gov.cn/xinwen/2015-07/10/content_2895358.htm.

[268]中央政府门户网站.中共中央 国务院关于打赢脱贫攻坚战的决定[EB/OL].(2015-11-29).http://www.gov.cn/xinwen/2015-12/07/content_5020963.html.

[269]周炳中,辛太康.中外主要港口城市可持续发展能力的比较研究[J].资源科学,2008,30(2):177-184.

[270]周纯.基于社会交换理论的居民个体利益与旅游影响感知关系实证研究[D].上海:复旦大学,2012.

[271]周冬梅.中国贫困治理三十年:价值、行动与困境——基于政策文本的分析[J].青海社会科学,2017(6):153-161.

[272]周洁,姚萍,黄贤金,等.基于模糊物元模型的南京市失地农民可持续生计评价[J].中国土地科学,2013,27(11):72-79.

[273]周细平.少数民族村寨旅游扶贫研究[D].吉首:吉首大学,2022.

[274]周歆红.关注旅游扶贫的核心问题[J].旅游学刊,2002,17(1):17-21.

[275]周雪莲,唐玲萍,孟丽.全员PR视角下的旅游社区文化建设:以禄充村为例[J].科技创新导报,2014,11(4):227-228.

[276]周玉翠.欠发达地区社区旅游研究:以湖南省邵阳市为例[J].地域研究与开发,1999(3):74-76.

[277]朱芳雨,李文英.旅游扶贫视角下高原乡村旅游品牌建设策略:以甘南州碌曲县尕秀村为例[J].中南农业科技,2023,44(1):177-179,216.

[278]朱凯,姚驿虹.对自我发展能力理论的规范性研究[J].成都理工大学学报(社会科学版),2012,20(1):31-37.

[279]朱松节.旅游社区伦理冲突的思考[J].鸡西大学学报,2008(1):66-67.

[280]朱彦玲.黑龙江省旅游区位研究[D].秦皇岛:燕山大学,2012.

[281]朱艳梅."一小时旅游经济圈"的旅游价值探析[J].旅游纵览(下

半月),2012(10):23－24.

[282]祝勤玫. 基于社区参与和影响感知的乡村旅游和谐发展研究[D]. 杭州:浙江大学,2011.

[283]庄志民. 社区文化与都市旅游[J]. 社会,1997(12):28－29.

[284]宗晓莲,朱竑. 国外旅游的社会文化影响研究进展[J]. 人文地理,2004,19(4):14－21.

[285]邹杰,吴军. 乡村旅游社区发展模式研究:以日照渔家乐为例[J]. 国土与自然资源研究,2015(5):78－81.

[286]邹军,张树夫. 社区旅游整合发展建设的探讨:以云南澄江禄充社区为例[J]. 安徽农业科学,2006(17):4465－4466,4468.

[287]邹银. 贵州西江千户苗寨旅游发展研究回顾及展望[J]. 农村经济与科技,2022,33(23):136－138,151.

[288]左冰,保继刚. 从"社区参与"走向"社区增权":西方"旅游增权"理论研究述评[J]. 旅游学刊,2008,23(4):58－63.

附 录

附录1 旅游社区居民对当地旅游发展感知的访谈大纲

一、村干部/管理者

1. 请您介绍一下村规民约、旅游管理制度的实施情况。

2. 当社区需要对旅游设施投资时，主要的资金来源，比如由上级政府出资金、村委会主导自筹、当地龙头旅游企业出资或村“精英”出资。

3. 村里有什么民间组织吗？或开展过什么村民教育、旅游培训吗？

4. 请您谈谈对本村可持续发展的看法/期望/规划。

二、村民

1. 村里开展旅游，您参与了吗？具体做什么？您有话语权吗？有村“精英”出现吗？大家对其态度怎么样？

2. 您家土地有没有被征用？土地现在具体干什么用（公共交通用地、建筑用地、旅游景区用地、其他等）？

3. 您家在社区组织或邻里亲朋中获得了哪些支持：资金支持（资金赠送、无息借款）、政策支持（优惠、扶植政策等）、技术支持（策略、知识等）、人力支持（劳动力等）？

4. 您认为您家地理位置好吗？

5. 您方便聊聊您每天的作息时间吗？开发旅游前和开发旅游之后有什么变化？

6. 村子搬迁后，您和街坊邻居都认识吗？换新环境了，您怎么和周边邻居相处的？

7. 在旅游淡季，您一般都从事什么工作或活动（外出打工、干农活、交通运输、在家休息、其他）？旅游淡旺季对您影响是大还是小？

8. 开发旅游后，当地物价（购买的日常生活用品、食物等价格）变化了吗？生活更方便了吗？

9. 参与旅游后，家庭伙食改善了吗（厨艺、食品、卫生）？

10. 旅游是否使您更加注重维护村子整体环境（生态意识，水资源、林业资源、居住环境）？

附录2　调研问卷

旅游发展对社区的影响调查问卷（西江千户苗寨用）

尊敬的女士/先生：

您好！目前正对您所在的村寨进行与旅游影响有关的调查研究。本问卷采用匿名方式，调研结果仅用于研究。请您根据自己的真实感受进行选择，所填结果没有对错之分。非常感谢您的参与！

第一部分 旅游发展社区的影响

居民对旅游发展带来影响的感受					
	非常不同意	不同意	一般	同意	非常同意
（经济方面）					
1. 您的收入受游客消费影响较大	1	2	3	4	5
2. 您更愿意参与旅游相关经营事业	1	2	3	4	5
3. 景区发展以来生活条件有所提升	1	2	3	4	5
4. 旅游发展导致当地贫富两极分化	1	2	3	4	5
5. 旅游发展为当地带来更多就业机会	1	2	3	4	5
6. 存在因性别差异而导致的利益分配不均现象	1	2	3	4	5
7. 旅游发展加大了女性群体对经济支配的权利	1	2	3	4	5
（文化方面）					
8. 旅游促进当地居民与外界文化的交流	1	2	3	4	5

续表

居民对旅游发展带来影响的感受					
	非常不同意	不同意	一般	同意	非常同意
9. 旅游发展激发当地居民学习普通话和外语的热情	1	2	3	4	5
10. 旅游发展使当地居民受教育程度得到提高	1	2	3	4	5
11. 旅游发展冲击当地优良传统、文化传承，破坏古朴民风民俗（例如，女性不穿民族服饰、不学民族技艺等）	1	2	3	4	5
12. 您愿意参加旅游职业技能培训	1	2	3	4	5
13. 接受旅游方面教育的机会增多	1	2	3	4	5
14. 当地人愿意传播当地文化	1	2	3	4	5
15. 外来游客对当地文化造成冲击	1	2	3	4	5
16. 商业化导致当地传统文化的消退	1	2	3	4	5
（社会方面）					
17. 旅游发展使当地村民的思想更加开放	1	2	3	4	5
18. 旅游经营使邻里之间矛盾增多	1	2	3	4	5
19. 景区周边的基础设施得到改善	1	2	3	4	5
20. 景区发展使当地人文明素质提高	1	2	3	4	5
21. 外地游客的进入扰乱您的生活习惯	1	2	3	4	5
22. 旅游发展使当地女性社会地位得到提高	1	2	3	4	5
23. 旅游发展使当地外出打工人数减少	1	2	3	4	5
24. 提高社会对当地安全问题的关注	1	2	3	4	5
（环境方面）					
25. 自然环境得到有效保护和开发	1	2	3	4	5
26. 当地人的环境保护意识增强	1	2	3	4	5
27. 人多嘈杂、交通堵塞	1	2	3	4	5
促进社区发展的旅游因素					
	非常不同意	不同意	一般	同意	非常同意
28. 旅游交通工具多样化	1	2	3	4	5
29. 道路级别提升	1	2	3	4	5
30. 旅游道路标识牌增多	1	2	3	4	5
31. 交通信息化（如导航仪）	1	2	3	4	5

续表

促进社区发展的旅游因素					
	非常不同意	不同意	一般	同意	非常同意
32. 旅游相关部门对当地人的培训增多	1	2	3	4	5
33. 政府部门对旅游发展的宣传增加	1	2	3	4	5
34. 当地人对旅游发展的接受程度提高	1	2	3	4	5
影响女性群体状况变化的原因					
35. 女性自我发展的需要	1	2	3	4	5
36. 政府相关政策的推动	1	2	3	4	5
37. 家庭经济增长的诉求	1	2	3	4	5
38. 社会发展的进步	1	2	3	4	5
39. 女性受教育程度的提升	1	2	3	4	5
40. 女性职业地位的提高	1	2	3	4	5
居民对社区旅游发展的态度					
41. 对旅游业发展现状很满意	1	2	3	4	5
42. 当地旅游业有良好发展前景	1	2	3	4	5
43. 个人从旅游发展中获得了利益	1	2	3	4	5
44. 村民和政府部门、村委会、旅游公司的关系比较融洽	1	2	3	4	5

45. 您的性别：A. 男　B. 女

46. 您的年龄：A. 18 岁以下　B. 18～25 岁　C. 26～35 岁　D. 36～45 岁　E. 46～60 岁　F. 60 岁以上

47. 您的学历：A. 小学及以下　B. 初中　C. 高中（或中专）　D. 大专及以上

48. 您的主要收入来源是：A. 农业生产　B. 旅游经营　C. 工资性收入　D. 外出打工　E. 其他

49. 您的月收入：

A. 1000 元以下　B. 1000～2000 元　C. 2000～3000 元　D. 3000～4000 元　E. 4000 元以上

50. 您属于哪一种居民类型：A. 本村原住居民　B. 非本村居民，在此工作或创业

51. （多选）您认为景区发展给当地带来前三位影响的是什么：

A. 经济收入增加　B. 基础设施改善　C. 居住环境改善

D. 社区知名度增加　E. 对社区认同感增加　F. 教育水平的提高

第二部分　您对本社区旅游发展有何意见及建议：______________________________

旅游发展对社区的影响调查问卷（司马台村用）

尊敬的女士/先生：

您好！目前正对您所在的村寨进行旅游影响有关的调查研究。本问卷采用匿名方式，调研结果仅用于研究。请您根据自己的真实感受进行选择，所填结果没有对错之分。非常感谢您的参与！

Q1 您家庭的主要收入来源：

A. 农业收入 >70%　B. 农业收入 >50% + 打工等其他　C. 旅游收入 >70%（住宿、餐饮、景区工作人员、超市等）　D. 旅游收入 >50%　E. 非农业收入（房屋出租等）>70%

Q2 现在参与旅游的主要方式：

A. 出租房屋供游客住宿　B. 自己经营住宿　C. 住宿 + 餐饮　D. 超市　E. 景区员工　F. 其他

Q3（多选）您认为不能直接参与乡村旅游的原因：

A. 资金　B. 权利　C. 劳动力不足　D. 政策及分配制度不完善

E. 文化程度较低　F. 其他

Q4 您认为乡村旅游发展中利益相关者收益分配是否平均：

A. 非常平均　B. 比较平均　C. 一般　D. 比较不平均　E. 非常不平均

Q5 您感觉最近 5 年您所在的村庄有哪些较为明显的重构现象：

A. 公共场所构造　B. 私人生活空间　C. 居民人口流动　D. 居民人口密度　E. 区域公共活动事件　F. 居民就业　G. 居民收入水平　H. 乡村企业组织及分布

Q6 邻里之间的往来密切程度：

A. 往来密切　B. 一般　C. 有婚丧嫁娶等往来　D. 基本不往来

Q7 您在司马台新村建设中农转非了吗（时间缘由）：

Q8 您认为您现在的身份是：

A. 农村人　B. 城里人　C. 介于城里人和农村人

Q9 您觉得您现在身份与变化主要体现在什么方面					
	非常不同意	不同意	一般	同意	非常同意
1. 生产方式由农业变为其他	1	2	3	4	5
2. 生活规律和原来务农有变化	1	2	3	4	5
3. 娱乐方式和原来务农有变化	1	2	3	4	5
4. 大家想法更加多样化了	1	2	3	4	5
5. 增加了培训与学习机会	1	2	3	4	5
6. 收入差距加大了	1	2	3	4	5
7. 邻里关系不如原来和谐了	1	2	3	4	5
Q10 您对目前生活的满意度如何					
	非常不满意	不满意	一般	满意	非常满意
1. 个人收入的满意度	1	2	3	4	5
2. 家庭收入的满意度	1	2	3	4	5
3. 家庭教育的满意度	1	2	3	4	5
4. 养老保障的满意度	1	2	3	4	5
5. 生活方式的满意度	1	2	3	4	5
6. 地位提升的满意度	1	2	3	4	5
Q11 旅游对生活的影响					
	非常不同意	不同意	一般	同意	非常同意
1. 旅游发展加大了女性群体对经济支配的权利	1	2	3	4	5
2. 旅游促进当地居民与外界文化的交流	1	2	3	4	5
3. 旅游发展激发当地居民学习普通话和外语的热情	1	2	3	4	5
4. 旅游发展使当地居民受教育程度得到提高	1	2	3	4	5
5. 您愿意参加旅游职业技能培训	1	2	3	4	5
6. 接受旅游方面教育的机会增多	1	2	3	4	5
7. 当地人愿意传播当地文化	1	2	3	4	5

续表

Q11 旅游对生活的影响					
8. 外来游客对当地文化造成冲击	1	2	3	4	5
9. 开发旅游使当地村民的思想更加开放	1	2	3	4	5
10. 旅游经营使邻里之间矛盾增多	1	2	3	4	5
11. 景区周边的基础设施得到改善	1	2	3	4	5
12. 景区发展使当地人文明素质提高	1	2	3	4	5
13. 外地游客的进入扰乱了您的生活习惯	1	2	3	4	5
14. 旅游发展使当地社会交往空间扩大	1	2	3	4	5
15. 旅游发展使当地外出打工人数减少	1	2	3	4	5
16. 提高社会对当地安全问题的关注	1	2	3	4	5
17. 自然环境得到有效保护和开发	1	2	3	4	5
18. 当地人的环境保护意识增强	1	2	3	4	5
19. 人多嘈杂、交通堵塞	1	2	3	4	5

Q12 目前感觉不如旅游未开发之前的主要原因是：

A. 没有土地　B. 收入变动性比较大　C. 孩子教育问题　D. 邻居关系　E. 收益不公平　F. 其他

Q13 您的性别：

A. 男　B. 女

Q14 您的年龄：

A. 14 ~ 20 岁　B. 21 ~ 30 岁　C. 31 ~ 40 岁　D. 41 ~ 50 岁　E. 51 ~ 60 岁　F. 61 ~ 65 岁　G. 66 岁及以上

Q15 您的受教育情况：

A. 小学及以下　B. 初中　C. 高中（或中专）　D. 大专及以上

Q16 您的家庭人均年收入情况：

A. 20000 元以上　B. 13000 ~ 20000 元　C. 8000 ~ 13000 元　D. 5000 ~ 8000 元　E. 5000 元以下

旅游发展对社区的影响调查问卷（古北口村用）

尊敬的女士/先生：

您好！目前正对您所在的村寨进行与旅游社区发展有关的调查研究。本问卷采用匿名方式，调研结果仅用于研究。请您根据自己的真实感受进行选择，所填结果没有对错之分。非常感谢您的参与！

一、旅游社区可持续生计情况

当地居民对旅游发展带来的影响的感受					
	非常不同意	不同意	一般	同意	非常同意
（金融资本）					
1. 景区使当地居民获得更多雇佣机会	1	2	3	4	5
2. 旅游发展为当地带来更多就业机会	1	2	3	4	5
3. 旅游收入在家庭总收入中比例增加	1	2	3	4	5
（人力资本）					
4. 旅游相关部门对当地人的培训增多	1	2	3	4	5
5. 旅游发展使当地居民整体素质得到提高（如外语知识、受教育程度等）	1	2	3	4	5
6. 您愿意参加旅游职业技能培训	1	2	3	4	5
7. 返乡经营乡村旅游业的青壮年增多	1	2	3	4	5
8. 商业化导致当地传统文化的消退	1	2	3	4	5
（社会资本）					
9. 旅游发展使当地村民的思想更加开放（如更多使用新媒体社交）	1	2	3	4	5
10. 旅游发展使当地外出打工人数减少	1	2	3	4	5
11. 提高社会对当地安全问题的关注（如食品安全、生命安全等）	1	2	3	4	5
12. 外地游客的进入扰乱您的生活习惯	1	2	3	4	5
（自然资本）					
13. 自然环境得到有效保护和开发	1	2	3	4	5
14. 当地居民的环境保护意识增强	1	2	3	4	5
15. 人多嘈杂、交通堵塞	1	2	3	4	5
（物质资本）					
16. 用于旅游经营的土地/房屋/园地增加	1	2	3	4	5

续表

当地居民对旅游发展带来的影响的感受					
17. 景区周边的基础设施得到改善	1	2	3	4	5
18. 旅游交通工具多样化	1	2	3	4	5
19. 道路级别提升	1	2	3	4	5
20. 旅游道路标识牌增多	1	2	3	4	5
21. 交通信息化（如导航仪）	1	2	3	4	5
当地居民对社区旅游发展的总体态度					
22. 对旅游业发展现状很满意	1	2	3	4	5
23. 当地旅游业有良好的发展前景	1	2	3	4	5
24. 村民和政府部门、村委会、旅游公司的关系比较融洽	1	2	3	4	5

二、旅游社区可持续发展能力

当地居民对旅游社区发展的感受					
	非常不同意	不同意	一般	同意	非常同意
（社区参与）					
25. 您愿意参与旅游	1	2	3	4	5
26. 您对旅游发展政策了解	1	2	3	4	5
27. 社区旅游收益被用于社区环境建设	1	2	3	4	5
28. 旅游发展导致当地贫富两极分化	1	2	3	4	5
（旅游增权）					
29. 居民有机会参与到当地旅游相关决策中	1	2	3	4	5
30. 居民提出旅游相关意见或建议被采纳	1	2	3	4	5
31. 旅游权益有保护渠道	1	2	3	4	5
32. 旅游使当地居民合作增多，邻里关系更加融洽	1	2	3	4	5
33. 旅游价值被认可，居民自豪感增强	1	2	3	4	5
34. 旅游使我的社会地位提高	1	2	3	4	5
（旅游社区特点与功能）					
35. 当地居民与周边亲朋好友交际增加	1	2	3	4	5
36. 旅游发展注重景区和社区之间的关系	1	2	3	4	5
37. 旅游经营使“旅二代”增多	1	2	3	4	5

续表

当地居民对旅游社区发展的感受					
38. 旅游经营有规范标准（如价格、服务）	1	2	3	4	5
39. 旅游社区比原社区功能增加	1	2	3	4	5
40. 社区弱势群体也可参与到旅游发展中	1	2	3	4	5
41. 村民民俗文化活动增加	1	2	3	4	5

三、人口信息

42. 您的性别：

A. 男　B. 女

43. 您的年龄：

A. 18 岁以下　B. 18 ~ 25 岁　C. 26 ~ 35 岁　D. 36 ~ 45 岁　E. 46 ~ 60 岁　F. 60 岁以上

44. 您的学历：

A. 小学及以下　B. 初中　C. 高中（或中专）

D. 大专及以上

45. 您的收入主要来源是：

A. 农业生产　B. 旅游经营　C. 工资性收入　D. 外出打工　E. 其他

46. 您家庭人均年收入：

A. 1. 5 万元以下　B. 1. 5 万 ~ 2. 5 万元　C. 2. 5 万 ~ 3. 6 万元

D. 3. 6 万 ~ 4. 8 万元　E. 4. 8 万元以上

47. 近几年，家庭有无贷款：

A. 有　B. 无

若有，您通常会寻求哪种人员或渠道的经济帮助？

A. 同村村民或亲戚借款　B. 向城里打工者借款　C. 向乡干部借款

D. 政府资助　E. 向银行借款　F. 当地企业　G. 高利贷

48. 家庭成员身体健康状况：

A. 家中没人患严重疾病　B. 有严重疾病______人 C. 有残疾______人

49. 您属于哪一种居民类型：

A. 本村原住居民　B. 非本村居民，在此工作或创业

50. 未来，您打算通过什么方式提高收入：

A. 参与旅游经营　B. 参加培训，学习技术　C. 增加耕种面积　D. 外出打工　E. 其他________

索　引

后　记

旅游社区在旅游发展中具有重要地位。由于一些贫困山区的核心优势产业就是旅游业，景区作为核心发展极带动了整个周边社区的发展，因此，社区的发展不仅要依靠自身，还需要借助景区发展带来的契机，需要从景区发展的空间规律入手促进两者之间的协同发展。本书从旅游社区的发展能力入手试图进一步为旅游社区发展贡献些许力量。

志向虽有，实施不易。首先，本书引用了卷帙浩繁的研究文献、报告和相关报道，这些文献对于研究旅游社区自我可持续发展能力提升具有重要参考价值。其次，感谢接受调研和问卷的各个案例地的社区管理者、居民、经营者等。正是他们的热情参与帮助我们完成问卷并得到相关数据，使我们完成了对问卷的分析；也是他们的欲言又止和对我们研究的好奇，促进了我们深入思考这个社区的实际情况，一遍遍走访，一家家轮流住宿，试图逐渐接近他们口中难言的那部分内容；同样是他们的包容和朴实，感染和激励着我们试图为社区的发展做些什么，写些什么……再次，感谢参与调研的调研组成员。有些案例地实际上是我们持续追踪的案例地，不仅仅是一两次调研就能得到的。感谢参与司马台村调研的巩晨、张云潇、张卓雅、刘牧奇、孙静、熊有璞同学，感谢参与古北口村调研的孙静、熊有璞、李宇涵、黄长城、王思奇、季薇同学，感谢参与西江千户苗寨调研的孙静、熊有璞、柯祯、刘秋华、李蕊同学。我们一起克服交通转换、水土不服、酷暑难耐、乡音难懂等诸多的困难，一起成长、一起进步。